VO⸻

AU CŒUR DE LA CRÉATION

Comment pénétrer l'univers
des dauphins
et les dimensions holographiques

Ilona Selke

Ariane Éditions

Titre original anglais :
Journey to the center of creation
© 1997 par Ilona Selke et Don Paris
Living from Vision, P.O. Box 1530, Starwood, Wa 98292, USA

© 1998 pour l'édition française
Ariane Éditions Inc.
1209, Bernard O., bureau 110, Outremont, Qc., Canada H2V 1V7
Téléphone : (514) 276-2949, télécopieur : (514) 276-4121
Courrier électronique : ariane@mlink.net

Traduction : Carmen Froment
Révision linguistique : Monique Riendeau
Conception de la page couverture : Ariane Éditions
Graphisme : Carl Lemyre
Mise en page : Bergeron Communications Graphiques

Première impression : septembre 1998

ISBN : 2-920987-30-5
Dépôt légal : 4e trimestre 1998
Bibliothèque nationale du Québec
Bibliothèque nationale du Canada
Bibliothèque nationale de Paris

Diffusion
Québec : ADA Diffusion – (514) 929-0296
www.enter-net.com/apprivoiser
France : D.G. Diffusion – 05.61.62.63.41
Belgique : Rabelais – 22.18.73.65
Suisse : Transat – 23.42.77.40

Imprimé au Canada

*Je dédie cet ouvrage à l'étincelle de Dieu en chacun de nous,
qui est la force même à l'origine des miracles.*

Un mot de l'éditeur

Après la traduction de l'ouvrage *Journey to the Center of Creation*, la traductrice nous a fait parvenir le commentaire ci-dessous. Nous aimerions le partager avec vous, car il résume si bien l'objectif de l'ouvrage ! Nous espérons que le récit contenu dans ce livre sera également une source d'inspiration pour vous.

Chers lecteurs et lectrices,

La traduction de cet ouvrage s'est avérée du début à la fin, une preuve irréfutable du principe présenté par Ilona Selke, à savoir que la pensée voyage hors du temps et qu'elle crée notre vie.

Les propos de l'auteure défient l'imagination ; pourtant, ils sont tout à fait accessibles à celui ou à celle qui s'ouvre suffisamment pour laisser l'Esprit prendre son essor et accomplir ses merveilles.

Si les coïncidences s'enfilaient comme des perles sur un fil d'or entre l'éditeur, l'auteure et moi-même, c'est que les liens entre nous se tissaient déjà dans les dimensions invisibles et ce, avant même que le déroulement des évènements ne se révèle à nos consciences. La synchronicité parfaite de ces coïncidences atteste la véracité du principe énoncé par l'auteure au sujet de la puissance de la pensée qui relève de l'Esprit car, comme elle le mentionne dans sa dédicace ; il n'y a pas de puissance plus puissante que la puissance de l'Esprit, l'étincelle divine en chacun de nous.

Le récit d'Ilona Selke peut sembler fictif à certains, mais en se mettant au diapason des expériences qu'elle relate et en se servant des méthodes qu'elle explique, vous aurez vous aussi la possibilité de voyager dans le temps, de remédier à vos difficultés, de construire un avenir à l'image de votre vision personnelle et de participer fièrement à l'édification d'un monde meilleur.

Carmen Froment
Traductrice

Commentaire d'un lecteur

Chers amis,

Les concepts présentés ici sont tout simplement renversants.

Ilona Selke n'a pas voyagé seulement d'Afghanistan en Allemagne, puis aux États-Unis. Elle a aussi exploré des dimensions au-delà du monde connu que nous tenons pour la « réalité ».

Nous considérons souvent ces régions comme imaginaires, mais supposez que vous découvriez un moyen par lequel votre imagination devienne réalité et que vous receviez une preuve indéniable, tangible, démontrant que votre pensée se transmet et qu'elle peut réellement changer les événements historiques.

Le monde qui vous entoure ressemble à un fluide magnétique sensible à vos pensées et à vos sentiments intimes. Cet ouvrage rapporte le récit de cette forme d'imagerie mentale que l'on fait souvent inconsciemment et qui modifiera entièrement le monde d'ici la fin de votre lecture.

A.H., Seattle (État de Washington)

Remerciements

J'aimerais rendre hommage à tous les êtres qui ont participé à la cocréation de cet ouvrage. En premier lieu, je remercie sincèrement les dauphins, les anges, les êtres interdimensionnels pour leur aide et les miracles qui en ont découlé.

Beaucoup de personnes ont également contribué aux idées et aux méthodes présentées dans ce récit. Je les apprécie toutes du fond du cœur, sachant que ce que l'on crée soi-même, on ne le crée jamais seul.

C'est avec une profonde gratitude que je remercie mon bien-aimé, Don Paris, pour son amour, son incroyable sagesse et sa lumière, les heures incalculables qu'il a consacrées à m'aider et à rédiger ces pages, sa bonne volonté à m'accompagner dans des aventures, tant intérieures qu'extérieures, et pour sa capacité d'éveiller le meilleur en chaque être.

Je remercie :

— ma mère, Ingeborg Selke, pour sa sagesse et son regard perspicace sur la profondeur de mon âme, et pour sa foi en moi,

— mon père, qui, bien que décédé, m'a aidée de l'au-delà depuis ma tendre enfance,

— ma sœur, Marion Selke, qui voit le meilleur en moi et qui est une artiste des plus raffinées,

— ma nièce, Lena, qui est un ange !

— le docteur Vernon Wolf, inventeur de l'holodynamique[1], d'avoir rendu cette merveilleuse méthode accessible à tous,

---

1 Holodynamique : du grec holos, qui signifie « entier » et dunamis, « force en activité ». Le docteur Vernon Wolf est le père de cette méthode basée sur la physique quantique et la neuropsychologie. Il a créé un nouveau modèle multidimensionnel de la pensée qui offre un grand bond dans le développement de la personne.

– le docteur Rod Newton pour la vision qu'il nourrit et les moyens qu'il offre de contribuer à un monde meilleur,

– tous les scientifiques « timbrés » qui ont assez de courage pour sortir des sentiers battus,

– John Lilly pour toutes ses recherches sur les dauphins et d'avoir tenu la promesse qu'il leur avait faite,

– Roberta Quist-Goodman pour sa connaissance des dauphins et ses récits, qui inspirent l'humanité et lui donnent de l'espoir,

– Loraine pour son amour des dauphins et son inspiration,

– Terry Walker pour son aide dans l'océan et son travail en duo,

– Carl pour sa présence lumineuse à Hawaii,

– Fatah pour son calme typiquement hawaiien au cœur de l'agitation,

– Beverly Vance pour ses talents artistiques,

– Scott Thom pour la magnifique peinture illustrant la page couverture,

– Angelika Hansen et Trisha Lamb Feuerstein pour leur aide à la rédaction et leur soutien,

– Al Harris pour son soutien, tant par rapport à la philosophie qu'à l'étape de la correction d'épreuves,

– Bobbie Barnes d'avoir vérifié avec succès les méthodes auprès d'étudiants en difficulté,

– Dorothy Miller et Dana Page, nos anges secrétaires,

– Mark Hochwender pour son titre original,

– Sharry Edwards pour ses recherches remarquables sur le son et la guérison.

Je témoigne ma reconnaissance particulière aux étudiants et aux enseignants du cours « Living From Vision™ » (Vivez votre vision) en Allemagne et en Amérique. Les transformations magiques de leur vie m'ont donné l'énergie et l'élan pour transmettre le message à beaucoup d'autres personnes.

Merci à tous mes amis, connus et inconnus, dont l'amour et le soutien donnent un sens à ma vie, à tous les auteurs de publications sur les dauphins pour leur inspiration et à l'Esprit, qui fait de la vie un miracle.

Préface

La race humaine se tient à une croisée des chemins. Tous, nous avons le choix entre évoluer, modifier notre comportement et survivre ou n'en rien faire et périr. Au cours des dix mille dernières années, le développement de notre pensée rationnelle nous a valu, à quelques égards, une certaine puissance. Cependant, au moment où nous nous tenons au seuil de l'autodestruction causée par notre rationalisme, bon nombre d'humains sentent s'éveiller en eux l'ardent désir d'une connaissance plus véridique, une connaissance qui jaillit des profondeurs de l'âme.

Cette sagesse, nous la sentons intérieurement ou nous la retrouvons dans les récits des Anciens, qui vivaient en harmonie avec la nature, proches de l'imagination. Nous entendons dire à certains que ce sont leurs rêves qui assurent la cohésion de notre monde. Que se passera-t-il lorsqu'ils auront disparu, lorsque les derniers de ces Anciens auront été chassés de notre monde et, avec eux, la connaissance permettant l'édification consciente du monde par l'imagination ? Découvrirons-nous alors qu'ils savaient ce qu'il nous faut pour assurer notre survie ?

Le besoin de nous éveiller et de nous souvenir devient plus pressant chaque jour. Si nous continuons à nous isoler des rêves que nous créons en ne comptant que sur notre pensée rationnelle, nous avons peu de chances de survivre en tant qu'humains.

Toutefois, il existe parmi nous des êtres qui se rappellent, des Anciens qui continuent à s'éveiller chaque jour. Ce sont des guides qui n'enseignent pas de façon manifeste, mais qui invitent tous ceux d'entre nous qui sentent leur potentiel à raviver ce qui dort profondément en eux.

Les dauphins ont été pour moi de tels guides et ils semblent parler à bon nombre d'entre nous par la voie du cœur. Un vieux souvenir refait surface : les dauphins seraient les anges de notre dimension et seraient ici pour nous aider à retrouver la connaissance innée selon laquelle le monde est une toile complexe tissée de rêves. Nous sommes ici pour aider à cocréer notre rêve concernant l'humanité, si seulement nous pouvions nous souvenir de transposer notre mode de vie rationnel pour prendre conscience du pouvoir de notre pensée originelle, de notre vision intérieure !

La toile de la vie attend que nous assumions à nouveau un rôle actif basé sur une sagesse vivante. Comment pouvons-nous intégrer la sagesse antique dans notre vie quotidienne si urbaine, si gouvernée par un monde rationnel ?

Le *Voyage au cœur de la création* explique une telle possibilité et montre comment on peut « attirer les coïncidences » et finalement obtenir la preuve concrète de la réalisation de nos rêves. J'espère ainsi vous amener à devenir un rêveur participant au nouveau rêve de l'humanité.

Chapitre 1

L'eau cristalline de l'océan, enveloppante et chaude comme une couverture, répandait sous moi ses reflets turquoise jusque dans les profondeurs calmes. Des rayons lumineux défilaient devant mon corps en longues stries, créant un effet surréel dans ce paisible monde sous-marin. Seul, le son régulier de ma respiration dans le tuba rappelait à mes oreilles quelque chose de familier auquel je pouvais me raccrocher.

Don, mon bien-aimé, et moi nagions en compagnie d'une amie chère dans une baie connue pour ses eaux tranquilles et la possibilité d'y rencontrer des dauphins.

Tout à coup, venue de nulle part, l'ombre de leur silhouette passa sous moi. En groupe de deux, trois et plus, tout un banc de dauphins nageait dans ma direction.

Depuis de nombreuses années, je travaillais à envoyer des images mentales aux dauphins. En entrant dans l'eau aujourd'hui, je m'étais imaginée en train de nager avec un dauphin de chaque côté de moi, comme s'ils m'emmenaient en excursion. Je souhaitais qu'ils répondent à mon appel et viennent vers moi. Et les voici qui arrivaient.

Prenant une respiration profonde, je plongeai dans les profondeurs de l'océan, puis pris un virage sur un côté pour bien montrer aux dauphins que je possédais au moins quelques rudiments du code de la vie sous-marine. À ma grande stupéfaction, un des dauphins se rapprocha de moi en établissant un contact visuel. Essayant de rester calme, je nageai en hélice de pair avec lui, nos regards rivés l'un sur l'autre. Au-dessous de nous, trois autres dauphins remontaient pour respirer et, à temps pour que je reprenne mon souffle, nous fîmes surface ensemble. Dès que possible, je plongeai à nouveau. Les dauphins étaient descendus en piqué et nageaient maintenant juste au-dessous de moi.

Tout à coup, je pris conscience que quelque chose d'étrange m'arrivait : je me sentais glisser sous l'eau sans besoin d'air apparent. Comme si je faisais partie d'un banc avec les trois dauphins qui nageaient sous moi, je me sentis tirée en remorque, enveloppée dans une bulle d'énergie. Nous ne faisions plus qu'un, appartenant au même tout. Le profond silence de l'océan m'envahit, et je me sentis suspendue dans une autre réalité. Je glissais dans ce cocon d'unité que nous formions. Pour un instant, il n'y eut plus de séparation entre l'état d'humain et celui de dauphin. Le besoin de respirer interrompu pour un temps, je transcendais mon réflexe humain.

La joie du moment me comblait et rien d'autre ne comptait. Loin derrière moi, les préoccupations d'hier ou de demain. Une vague de reconnaissance débordait de tout mon être. Après ce qui me sembla une éternité, je revins respirer à la surface.

Que s'était-il passé ? L'eau et les dauphins avaient-ils modifié ma perception au point que je crus rester sous l'eau plus longtemps que je le fis réellement ? Comment savoir ?

Comme je réfléchissais à toutes ces questions, je vis Don plonger de façon parfaitement synchronisée avec plusieurs dauphins. L'un d'eux se tourna sur le dos pour montrer son ventre blanc à Don, comme ils le font souvent lorsqu'ils nagent ensemble. Dans sa combinaison de plongée, Don offrait une ligne gracieuse, nageant en parfaite harmonie avec ce petit groupe de dauphins. Je continuai à observer, tout ébahie, la grâce pure des dauphins et leur bonne volonté à nous accueillir, nous, humains, parmi eux.

Après avoir observé Don un certain temps, je commençai à m'inquiéter : n'était-il pas temps qu'il revienne à la surface respirer ? Il nageait à une dizaine de mètres sous l'eau et devait s'assurer d'avoir encore assez de souffle pour revenir à la surface. Mon anxiété s'intensifiait de plus en plus. Notre amie avait, elle aussi, vu Don et semblait suffoquer rien qu'à l'observer, mais Don continuait à nager en synchronie avec les dauphins. Il revint enfin respirer, accompagné des trois dauphins, longtemps après que nous, qui l'observions, avions manqué d'air.

Don était en pleine euphorie ! Il avait été conscient de ne pas avoir ressenti le besoin de respirer. Comme s'ils connaissaient ses limites physiques, les dauphins lui avaient rappelé mentalement de remonter respirer et l'avaient accompagné vers la surface.

Avec beaucoup d'enthousiasme, Don nous raconta son expérience précédente : deux dauphins l'avaient encadré et accompagné plus près du rivage, où ils lui avaient montré leur jardin sous-marin. Vingt minutes durant, ils l'avaient guidé en restant à ses côtés, comme s'ils essayaient de lui montrer quelque chose de précieux. Ce sentiment était indescriptible : le regard lumineux de Don et l'énergie exubérante qui se dégageait de lui donnaient une idée de la joie extatique qu'il avait éprouvée en présence des dauphins.

Pourquoi Don avait-il vécu exactement l'expérience que j'avais visualisée pour moi-même ? Et pourquoi lui était-elle arrivée à lui plutôt qu'à moi ?

J'étais familière avec l'idée que l'on devient ce que l'on imagine. Ce jour-là, j'avais visualisé un événement que je souhaitais vivre et qui, depuis toutes les années que j'avais passées avec les dauphins, ne s'était encore jamais réalisé. Par expérience, j'avais appris que les dauphins peuvent lire nos pensées et répondre à nos images intérieures mais, en cette journée, Don avait vécu l'expérience même que j'avais imaginée et souhaitée pour moi-même.

Sans vouloir envier ce qu'il venait de connaître, j'y songeais tout en flottant comme du liège sur l'océan. Je me détendais en reprenant mon souffle, avant d'entreprendre le long retour à la nage jusqu'à la plage. Les dauphins avaient accompli avec Don un acte auquel je m'étais vue moi-même participer. Comment avaient-ils pu nous confondre ? Avaient-ils agi selon l'image captée, mais en passant à côté du but ?

Soudain, j'entendis intérieurement : « Ne comprends-tu pas que Don et toi, vous ne faites qu'un ? » Évidemment, c'était vrai. Don et moi sommes intrinsèquement unis, et ce que l'un vit peut sembler presque aussi réel à l'autre.

Il est possible que les dauphins ne perçoivent pas les frontières entre les individus d'une façon aussi distincte que les humains. Ils sont beaucoup plus sensibles aux sentiments de leur pairs, et l'affinité qui existe entre eux semble beaucoup plus développée, du moins chez les dauphins qui ne vivent pas en captivité. À la lumière de cette nouvelle compréhension, je me réjouis que Don ait pu vivre l'expérience souhaitée pour moi-même. J'étais prête à ouvrir mon cœur afin de recevoir, indirectement, toute la joie que les dauphins lui avaient procurée.

C'était là une autre leçon apprise des dauphins. Jusqu'ici, le voyage avait été aventureux et passionnant, et cela ne faisait qu'augmenter d'une étape à l'autre. J'avais appris que les images qui nous inspirent et nous habitent façonnent notre vie personnelle. Une fois que j'eus assez appris à me servir de ces processus dans ma propre vie, les dauphins me demandèrent de les aider dans leur lutte pour la survie. Cherchant à les appuyer du mieux que je le pouvais, je découvris le miracle du lien qui existe vraiment entre notre imagination et notre univers.

Mais avant d'arriver à cette compréhension, quel chemin il avait fallu parcourir ! Ainsi, je songeais à notre premier voyage à Hawaii.

Chapitre 2

À l'aéroport de San Francisco, nous tournions en rond, attendant l'embarquement du vol à destination de Kauai, une des îles les plus luxuriantes d'Hawaii. La fièvre du départ avait augmenté au fil des mois d'attente, durant lesquels nous avions rêvé aux activités à venir et caressé l'espoir de connaître un monde nouveau. L'univers mystérieux des dauphins avait conquis nos cœurs et nous étions sur le point d'entrer dans une réalité inconnue de nous jusqu'ici.

« Mesdames et messieurs, nous tenons à vous informer qu'en raison de difficultés techniques le vol numéro 258 à destination d'Honolulu sera retardé jusqu'à nouvel ordre. Nous prévoyons le départ dans quelques heures. » La voix venue des haut-parleurs avait interrompu ma rêverie. Un murmure de protestation a rempli la salle des départs. Lentement, j'ai ouvert les yeux et rencontré le doux regard de Don, qui s'était lui aussi laissé absorber par son monde intérieur. Comment pouvions-nous être aussi chanceux ? Une lumière bleutée émanait de son être profond, alors qu'il lisait mes moindres pensées et sentiments. Portés par la même certitude, nous communiquions souvent par télépathie. « Aimons-nous ce que nous venons d'entendre ? » nous sommes-nous demandé simultanément.

Don dit alors d'un ton enjoué : « Oh là là ! je crois que nous nous sommes trompés d'univers. Nous n'arriverons à Honolulu que tard dans la soirée et nous raterons notre correspondance pour Kauai. »

J'ai acquiescé d'un signe de tête et ajouté : « Changeons d'univers. »

Nous nous étions familiarisés avec les nouvelles théories de la physique quantique. Cette dernière postule qu'il existe une infinité de réalités parallèles plutôt qu'une seule et unique réalité. De nombreux univers probables existeraient simultanément dans le même espace et ne seraient séparés que par les fréquences, mais cette nouvelle vision du monde n'était pas encore très répandue.

La vision traditionnelle du monde basée sur un univers mécanique, telle une horloge, remonte à Newton. Selon cette théorie, le monde fonctionne d'une façon prévisible et ordonnée, indépendamment de toute pensée, sentiment ou conscience. Cependant, cette explication mécaniste et organisée de l'univers nous a coûté cher, car tout ce qu'elle a laissé de passionnant à l'humanité visait la manipulation des rouages du mécanisme. Les résultats de cette manipulation dans la nature se voient partout et le niveau de destruction a atteint un point critique menaçant notre propre survie.

Tout cela, les humains l'ont « accompli » en fondant leur compréhension de l'univers sur un système mécaniste, et quel prix ils ont dû payer ! La plupart des gens ont accepté de croire qu'ils ne sont qu'un rouage de la machine et que ce qu'ils pensent ne compte pas vraiment.

La théorie newtonienne de l'univers se révèle, en dernière analyse, des plus ennuyeuses. Elle est nettement dépourvue de toute possibilité d'aventure et démontre à quel point elle menace la vie même dont nous dépendons.

La physique quantique commence, par contre, à changer cette notion. Elle pose l'hypothèse selon laquelle une conscience observatrice, en d'autres mots, un être doué de conscience, fait partie intégrante du mouvement de l'univers. C'est le flambeau de l'attention qui modèle les nombreuses possibilités de manifestation, et c'est également l'attention qui nous permet de faire se manifester l'un des nombreux univers parallèles.

Une étude a finalement démenti l'hypothèse qui avait tourmenté la communauté scientifique à l'époque d'Einstein. À l'origine, Einstein, Podolsky et Rosen avaient postulé que, dans notre univers physique, la lumière voyageait à la vitesse maximale mais, en 1985, une expérience réalisée à College Park, au Maryland, prouva tout le contraire. On a démontré que la vitesse de l'information dépasse celle de la lumière et que les particules appelées photons semblent se communiquer les données que le scientifique cherchait à obtenir.

La physique quantique n'est pas la seule à présenter la notion selon laquelle il y aurait une interaction entre la conscience et le milieu qui nous entoure. Ce n'est qu'une nouvelle version de la sagesse acquise et pratiquée par les sages de toutes les cultures depuis l'Antiquité.

Assis, nous demeurions stupéfaits par l'annonce nous avisant du retard du vol, et je cherchais le sens de ce retard. Était-ce là une manière de nous démontrer à quel point nous nous comportions comme des moutons, nous croyant victimes des circonstances ?

« D'accord, dit Don, changeons d'univers. » Aussitôt, nous avons baissé les yeux et appliqué certaines des méthodes déjà apprises.

En cherchant plus profondément, au centre de mon être, je commençai à voir qu'un lien se tisse entre toutes choses. Je me sentis enveloppée dans ce qui me sembla une lumière liquide. Tous ceux qui m'entouraient participaient au pourquoi des choses. Je continuai à m'élever dans cette vision intérieure et perçus une plus grande vue d'ensemble. J'approchai du niveau où nous faisons nos choix. À ce point, je pouvais choisir d'entrer dans une autre réalité possible et parallèle. Ma vision intérieure devint de plus en plus lumineuse. Puis, je vis intérieurement une image instantanée de l'expérience que je désirais vraiment : *l'avion est en parfait état, je vois les champs énergétiques s'ajuster autour de la carlingue et des réacteurs. Je sens que nous sommes dans un univers parfaitement bien synchronisé. Je me sens rassurée et prête à partir quand le temps viendra, quand tout sera en harmonie avec le Grand Tout et pour le plus grand bien de tous. Ça y est ! je le ressens, et c'est vrai dans mon cœur, maintenant.*

J'ai alors ouvert les yeux et, repoussant immédiatement tout doute, désir ou vouloir personnel, j'ai simplement prêté attention au milieu qui m'entourait.

Parfait ! Quel bonheur de pouvoir choisir mon univers ! Qui dit que la vie est ce qu'elle paraît ? Mais quel apprentissage il avait fallu pour en arriver à ce point ! Combien de fois la pensée remplie de doutes – et si ce n'était que faux-semblant ! – m'avait fait grimacer ? Combien de fois les anges avaient dû frémir de déception à me voir défaire, par quelques secondes de doute, les miracles que je venais de créer ?

À peine cinq minutes plus tard, on entendit une voix empreinte de gaieté dans la salle des départs : « Mesdames et messieurs, nous sommes heureux de vous annoncer que nos techniciens ont résolu le problème. Nous procéderons donc à l'embarquement d'ici quelques minutes. »

Nous sautions de joie. Youpi ! la vie n'est pas ce qu'elle paraît. Changer d'univers, c'est possible. Nous y prenions goût !

Chapitre 3

Tout heureux, nous avons pris nos bagages à main et nous sommes montés à bord de l'avion de notre « nouvel univers », qui ne semblait pas si différent de l'autre, où il nous aurait fallu attendre plusieurs heures. En fait, si je n'avais pas précédemment vécu ce processus tant de fois, j'aurais facilement taxé ces circonstances de coïncidences, mais j'avais appris à ne plus hausser les épaules en les faisant passer pour telles. Cela m'aurait enlevé tout sens des responsabilités et m'aurait maintenue dans mon rôle de spectatrice d'un univers mécanique. Au contraire, j'avais compris que l'étoffe de l'univers dans lequel je vis est beaucoup plus malléable que je ne l'avais jamais cru possible et que l'imagination modèle les dimensions d'une manière holographique.

Les gens à bord me semblaient à peu près tous les mêmes. Je comprenais pourquoi, en voyant le monde tridimensionnel, la majorité de l'humanité actuelle conclut que tout se conforme aux lois apprises à l'école. En adoptant cette notion, on se sent stable et en sécurité. Bien sûr, la stabilité offre ses avantages, et un certain degré de stabilité est nécessaire pour obtenir un semblant de réalité. Pourtant, j'en étais venue à me fier à une façon de penser beaucoup moins linéaire dont chaque étape de sa manifestation se prouvait d'elle-même. Je n'acceptais ces nouvelles idées que si elles s'avéraient utiles pour améliorer ma qualité de vie et celle des autres, si elles étaient applicables dans le quotidien et, finalement, seulement si elles étaient en accord avec cette énergie que j'appelle l'Amour, Dieu, ou la Source.

Avançant dans le couloir étroit de l'avion, nous sommes enfin arrivés à nos sièges. Après avoir rangé nos bagages à main, nous nous sommes confortablement installés. Don me regardait de ses yeux brillants, son regard me pénétrant comme une étoile descendue des cieux, mais avec un pétillement qui suggérait : « Comme j'aime vivre dans cet univers magique avec toi ! »

Nous avons fermé les yeux en nous tenant par la main et avons consacré quelques minutes à remercier le Grand Tout. Notre respiration, portée par un sentiment de reconnaissance, nous a menés dans un espace de quiétude intérieure. Comme si nous traversions des couches nuageuses, notre pensée s'est élevée de plus en plus, entrant dans la lumière éblouissante du soleil et nous procurant un sentiment de liberté et de joie infinie. Nous avons laissé notre Moi s'épancher dans la lumière, que nous avons laissée nous pénétrer, puis nous nous sommes dilatés en elle pour la laisser nous envahir à nouveau. Je percevais la présence de Don, dont le champ de lumière pénétrait le mien. « Quelle bénédiction d'être ici ! » me suis-je dit.

Dans l'intervalle, nous roulions sur la piste, prêts pour le prochain créneau de décollage. Comme ma vie avait changé depuis le temps où, à vingt ans, je faisais carrière comme agent de bord chez Lufthansa ! Depuis lors, elle avait un continuel élan de croissance, exigeant que je sois indéfectiblement vraie, fidèle à moi-même et à mes motivations. Ce progrès, je le dois à l'inspiration de guides humains et d'êtres issus d'autres dimensions et d'autres espèces qui m'ont permis de découvrir des mystères de plus en plus profonds, mais au prix de quels efforts ! Continuer d'aimer malgré le rejet, chercher à comprendre au lieu de chercher à avoir raison ou se sentir plus pur sont des obstacles difficiles à franchir. On avance souvent à tâtons sur le chemin de la vie.

« Bienvenue à bord de notre vol à destination d'Honolulu. Agents de bord, à vos postes pour le décollage. » La voix du commandant dans les haut-parleurs de la cabine me sortit doucement de ma rêverie. En peu de temps, nous volions au-delà de la côte de San Francisco, laissant la terre derrière nous pour nous envoler plus près du soleil. En perçant la masse de nuages qui nous entourait, nous avons émergé dans l'espace inondé de la lumière perpétuelle du soleil. Il est étrange de penser que sur la terre, on prie souvent pour voir resplendir le soleil alors qu'en réalité il luit toujours. La lumière du soleil brille sans cesse ; seuls les nuages nous en séparent, et quels nuages sombres parfois !

Chapitre 4

Avec un soupir méditatif, je me suis tournée sur mon siège, et Don m'a regardée avec curiosité. « Ah ! je réfléchissais sur la signification des nuages », lui ai-je dit en souriant, sachant qu'il comprenait. Nous volions maintenant au-dessus de l'océan Pacifique et la couche de nuages s'était dissipée pour laisser entrevoir plus bas un saisissant panorama moutonné.

« D'un certain point de vue, voilà à quoi doit ressembler le temps », songeais-je. Une fois qu'on s'élève au-dessus de l'horizon du temps, on peut apercevoir toute l'étendue du paysage qui, vu du cadre temporel, nous apparaît limité dans un ordre séquentiel et linéaire. Pourquoi les humains n'ont-ils pas appris à s'élever parfois au-dessus de cette ligne horizontale du temps afin d'obtenir une plus large perspective de la situation actuelle ?

Des années plus tôt, Don et moi avions demandé, intérieurement et extérieurement, une machine à explorer le temps, croyant que ce serait une façon captivante de passer le temps. Nous pourrions ainsi filer à toute allure entre les différentes dimensions du temps et de l'espace. Lorsque, par hasard, nous sommes tombés sur le SE-5, nous n'avons pas compris immédiatement le lien entre cet instrument et notre requête. Le SE-5 a été conçu pour lire les champs d'information subtils et les équilibrer. Comme un schéma directeur, ces champs d'information entourent tout, aussi bien les choses vivantes que la matière inerte.

À l'aide de ce type d'instrument, des expériences réalisées au département de l'Agriculture du gouvernement américain (USDA) ont démontré comment on s'est débarrassé des insectes qui avaient envahi des champs de maïs dans les années cinquante, sans l'utilisation de pesticides, en envoyant simplement de l'information aux champs de maïs par le biais d'une photographie.

Grâce à cet appareil, on a observé les fonctions vitales d'un astronaute envoyé sur la Lune, en dépit des milliers de kilomètres de distance et malgré le fait qu'il n'était pas branché directement sur lui. Les résultats s'avéraient identiques à ceux que la NASA avait obtenus, lesquels avaient été fournis d'après des moyens conventionnels. Un article paru dans la revue *Mother-Earth-News* relatait l'expérience d'une femme de l'Utah qui avait fait pousser des plants géants de pomme de terre avec un succès étonnant grâce aux possibilités du SE-5.

Des années plus tard, nous avions lu un article décrivant les recherches réalisées par un scientifique faisant usage du SE-5 pour communiquer avec des dauphins en captivité. L'instrument était muni d'un ordinateur que le chercheur avait relié à leur milieu ambiant par un câble suspendu dans l'eau. Il avait enregistré une question sur l'ordinateur et demandé aux dauphins d'y répondre. Il s'aperçut ainsi que ces derniers désiraient vivement communiquer. Et quand, à l'aide de l'appareil, le savant découvrit qu'une des femelles portait un petit, même l'entraîneur fut déconcerté : « Comment avez-vous pu savoir ? Nous ne l'avions dit à personne ! » Les dauphins ont également fait connaître leur inquiétude sur la façon dont les humains menacent l'environnement et sur la spirale négative dans laquelle ils s'enfoncent.

Cette forme de technologie n'est évidemment pas courante. Pour qu'elle soit applicable, il faut d'abord accepter l'idée de dimensions de réalités plus subtiles. Et les dauphins n'ont pas besoin d'en être convaincus !

Plus tard, Don écrivit un livre sur les merveilles du SE-5 intitulé *Regaining Wholeness Through the Subtle Dimensions*. Ses intérêts et ses capacités l'ont toujours conduit à faire usage d'un certain niveau de technologie. C'est aussi à cause de cet instrument que nous avons été invités à participer aux Conférences sur la psychotronique, rencontre annuelle passionnante où se rassemblent de nombreux scientifiques qui ont délaissé la science traditionnelle pour étudier les sciences dites parallèles. Cette rencontre leur permet d'échanger leurs points de vue et leurs idées sur les découvertes les plus récentes. Elle ouvre ses portes à tous les scientifiques et profanes intéressés par le sujet et leur permet ainsi d'explorer les régions subtiles.

Environ un an avant ce vol à Hawaii, nous avions eu l'honneur de donner une conférence à l'une de ces rencontres sur la psychotronique. Prêts à vivre une aventure, nous nous étions rendus en voiture au congrès tenu à Sacramento et étions enchantés à l'idée de côtoyer d'autres personnes ayant trouvé une fissure dans la porte de notre univers, dont l'apparence semble si stable. Don et moi avions partagé notre enthousiasme au sujet des possibilités offertes par le SE-5 et des résultats obtenus jusqu'à présent.

Autant le point fort de Don était la technologie, autant le mien appartenait davantage aux dimensions des réalités intérieures et des processus psychologiques. Par le passé, j'avais étudié différentes sortes de thérapies incluant les techniques de respiration, de psychothérapie centrée sur le corps, la gestalt-thérapie, la méthode Hakomi, la programmation neurolinguistique, etc. Aucune d'entre elles n'avait cependant comblé ma requête pour que s'accomplissent de vrais miracles. Depuis bientôt six mois, je demandais à l'univers de me diriger vers une méthode qui entraînerait vraiment, mais absolument *vraiment*, des changements. Je désirais une clé qui ouvrirait la porte géante vers les dimensions secrètes de l'univers.

Un après-midi, au cours du congrès, nous avions remarqué une affiche annonçant une conférence des plus intéressantes : « Comment pénétrer dans les dimensions de l'univers holographique ! »

Nous avons alors pris place tout en haut, du côté gauche de l'auditorium, qui ressemblait à un ancien amphithéâtre grec. Des murmures remplissaient l'air à la perspective d'entendre un autre grand esprit créateur en action.

Chapitre 5

« Bienvenue dans l'univers holographique ! » commence le conférencier. « N'acceptez pas tout ce que je vous dis comme LA VÉRITÉ. Vérifiez vous-mêmes et, seulement alors, prenez ce qui vous convient le mieux pour l'intégrer à votre quotidien.

« L'univers opère selon le principe holographique. Ce que vous pensez dans votre for intérieur se reflète dans le monde extérieur. Prenez un moment pour réfléchir à cela. »

Voilà ! Rien de moins... Alors que je songeais à ces paroles, je renversai le verre de jus de cerise que je tenais à la main. Le blanc immaculé de ma robe était maintenant taché d'un rouge carmin géant. L'espace d'un instant, je me demandai quel pouvait bien être le sens holographique caché de cet incident. Ce que je pouvais bien entretenir dans mes pensées pour créer un reflet aussi coloré.

Quoi qu'il en fût, il fallait que je m'occupe de cette tache ; Don me mettrait bien au courant de la suite plus tard.

Je partis discrètement de l'auditorium et me dirigeai vers les toilettes. Avec un peu d'eau et du savon, je réussis à faire disparaître toute trace de cet incident. Attirée par le soleil qui m'invitait à y faire sécher ma robe, je sortis m'installer confortablement sur le talus gazonné près de l'édifice et je m'accordai un moment de tranquillité bien apprécié. Les rayons du soleil dansèrent bientôt sur mon visage et je me laissai gagner par un état de demi-sommeil, songeant à ce que Don pouvait bien apprendre à l'intérieur.

Peu après, je sentis ma pensée s'éloigner de la situation actuelle et une sensation de lumière inonda tout mon corps. Une énergie vivifiante remplit l'air et éleva mon âme. Étendue dans cet état de gratitude depuis seulement quelques minutes, je me vis intérieurement en train d'écouter un conférencier tout différent. Je faisais semblant d'écouter la conférence sauf que, dans le cas présent, nous apprenions davantage en faisant les choses et en les ressentant plutôt qu'en écoutant des paroles.

Je me sentais frustrée d'avoir été dérangée en renversant mon verre de jus et ce sentiment mettait mon estomac à l'envers. J'étais troublée d'avoir été troublée. Prise entre mes émotions, j'imaginai soudain notre conférencier suggérer d'extérioriser ce sentiment et de lui parler. Bien sûr, rien de plus facile et, intérieurement, je ris de mon idée géniale.

La sensation dans mon estomac n'était pas moins intense que la couleur du jus que je venais de renverser. Je pris cette structure irrégulière que formaient mes émotions hors de mon corps pour la laisser flotter dans l'espace. Le conférencier de ma scène intérieure continua : « Oui, la forme de ce sentiment a autant conscience d'un Moi que toi-même et aime aussi à être respectée. Vas-y, demande-lui ce qu'elle fait pour toi. »

À contrecœur, j'adressai cette question à la tache. « Est-ce vraiment à moi que tu parles ? » demanda la tache rouge. « Eh bien, continua-t-elle, je veux m'assurer que tu ne t'en remets à aucune forme d'autorité, et c'est pourquoi je t'ai fait sortir de l'auditorium. »

Tiens, me dis-je, quelle espèce de coquine ! Pas vraiment ce que je voulais du tout !

« Va encore plus loin, dit la voix du conférencier, demande à cette image ce qu'elle veut vraiment. » D'accord, comme je tiens honnêtement à savoir, je posai alors la nouvelle question à la tache rouge.

Et elle, de répondre : « Eh bien, ce que je veux vraiment, c'est que tu découvres la méthode de transformation, de créativité et de guérison intérieures la plus efficace. »

« Fantastique ! dit mon guide intérieur. Ce qu'il faut savoir main-

tenant, c'est, si tu avais déjà découvert la plus miraculeuse des méthodes de transformation, à quoi ressemblerait-elle ? »

En quelques instants, la tache rouge me projeta « l'image-
sentiment » de ce que serait cette méthode si je l'avais découverte : une
fontaine jaillissante de lumière étincelante. La fontaine s'éleva et
remplit tout l'espace de sa magie. Puis, elle retomba en cascade sur
elle-même, encore embellie par la plénitude des sentiments et de la
connaissance que procurent de nombreuses expériences. Enfin, une
nouvelle vague d'étincelles jaillit de son centre.

Voilà ce qui se produirait si on était au cœur de la transformation.
Je comprenais que j'avais devant moi la matrice fondamentale qui
permettait de changer de dimension, de passer d'un trou noir à un
trou blanc. Si je m'élevais au-desssus de la fontaine pour l'observer, je
verrais que le trou dans son centre ressemble à un beigne[2]. Quel
monde miraculeux cela serait !

« Tu es maintenant à mi-chemin », dit mon guide intérieur en inter-
rompant ma rêverie. « Il faut maintenant apprécier l'ancienne partie, la
tache rouge, et la remercier, car elle tenait à s'assurer que tu ne devien-
nes victime d'aucune autorité. Elle veut vraiment quelque chose de bien
pour toi. Quelquefois, ces sentiments profonds veulent lancer des
bombes sur tout, afin d'obtenir une paix totale. Dans l'auditorium, tu
aurais pu manquer ce que je disais, même si c'était précisément ce que
tu cherchais. Alors, je suis content que tu m'aies écouté ; il me semble
que ta nouvelle image et sensation de cette fontaine de lumière,
magique et transformatrice, pourrait très bien créer le genre d'univers
que tu souhaites. Maintenant, il nous faut franchir encore quelques
étapes mais, auparavant, il te faut remercier l'ancienne image. »

D'accord, j'étais heureuse de remercier la tache rouge car, après

---

2 Pâtisserie frite en forme de couronne.

tout, je saisissais pleinement sa véritable motivation. Je projetai donc un sentiment de gratitude à cette tache, du moins à son intention première, profonde, en reconnaissant qu'elle voulait trouver un moyen magique de communiquer avec la matrice créatrice de l'univers.

« Maintenant que la tache rouge sent que tu l'honores, demande-lui si elle veut devenir la nouvelle image de la fontaine jaillissante. Cette *nouvelle* image de la fontaine en forme de couronne représente ce que la tache veut au tréfonds d'elle-même. »

Je fus étonnée de découvrir que l'image de la tache carmin était plus que désireuse de se fondre dans la nouvelle image. Immédiatement, la tache rouge s'éleva dans les airs et se fusionna aux gouttelettes scintillantes de la fontaine de lumière. Alors, je vis et ressentis les nuances arc-en-ciel qu'ajouta le rouge de la tache aux étincelles. Vivifiées, ces étincelles brillaient encore davantage. Un profond sentiment de joie et de gratitude m'envahit. Dans toutes mes cellules, je sentis une nouvelle vague d'énergie. « Demande à cette nouvelle image si elle désire toujours être là pour toi et vérifie si tu es aussi prête à être là pour elle. » À cette question, ma nouvelle image répondit par un oui retentissant ! C'était un sentiment très encourageant d'une amitié sans bornes ; je retournai alors la même ouverture et promesse à ma fontaine de lumière.

« Peux-tu sentir le pouvoir d'une promesse ? » me demanda mon guide.

Oui, je le pouvais, et quel sentiment puissant ! Si merveilleusement rassurant et profondément authentique pour moi.

« Maintenant, demande à ton image de retourner dans ton passé et de se projeter dans tous les futurs possibles afin de guérir les événements qui se rattachent à ta résistance à l'autorité ou à l'affirmation de ta propre autorité. Laisse ton image guérir la souffrance associée à ce problème d'autorité. Qu'elle transforme tous ces sentiments en une force qui te permette d'accéder à ta sagesse intérieure. Que le miracle de la vie soit ton guide. »

Dès que je demandai à la fontaine ruisselante de guérir mon passé et mon avenir, toutes mes cellules se mirent à vibrer. Je sentis cette réaction en chaîne gagner tout mon être et de petits éclairs de résistance se transformèrent en un glorieux savoir intérieur.

Quelle expérience ! Je me sentais portée par des ailes et tourbillonner dans la lumière du soleil. Une énergie fantastique circulait dans mon corps. « Qui es-tu ? » demandai-je à mon guide invisible, sentant que je parlais avec quelqu'un au-delà de ma propre imagination. « Je suis un voyageur du temps venu du futur. Tu as demandé que s'accélère ta connaissance afin d'aider l'humanité et me voici, un, parmi de nombreux autres, qui peut t'indiquer le chemin. Quant à l'apprentissage et au développement, tu dois les accomplir seule. »

Remplie de joie, j'exhalai un profond soupir de gratitude. Magique ! ce monde est magique !

Le soleil chatouillait mon nez et, bientôt, je sentis le gazon sous mon corps. Ma robe était sèche et il était temps de retourner à l'auditorium. Ce repos me fit beaucoup de bien. Quel voyage intérieur sensationnel ! Je me réjouissais de le partager avec Don et je sentais que ce n'était qu'un début.

Chapitre 6

Discrètement, je suis retournée dans l'auditorium. Vingt-cinq minutes seulement s'étaient écoulées et la conférence se poursuivait. « Il est incroyable ce type, m'a chuchoté Don, tu as manqué une partie formidable. Il a parlé de la mousse quantique et de la manière de l'atteindre par notre imagination. Les miracles se produisent réellement. »

« … Ensuite le professeur transforma la boule de feu rouge qui représentait sa colère en ce qu'il désirait sincèrement », a déclaré notre conférencier triomphalement, balançant son corps en cadence, pour souligner ses paroles. « Souvenez-vous de la boule de feu qu'il avait sentie dans son estomac, a-t-il poursuivi. Ce que désirait ce sentiment par-dessus tout était d'être aimé, désiré et accepté. Dans le for intérieur du professeur, l'image de sa grand-mère lui était spontanément apparue comme l'image holographique parfaite pour illustrer son désir ardent d'être aimé. »

« Il remplaça l'image de la boule de feu rouge par celle de sa grand-mère offrant gentiment des biscuits à tous ceux qui étaient rassemblés autour d'elle.

« À la suite de cette transmutation dans sa pensée, il devint le professeur sympathique et charmant qu'il souhaitait réellement incarner. Ces nouvelles images mentales, en plus d'améliorer son bien-être *intérieur*, avaient bel et bien créé un changement qui se reflétait dans sa vie *extérieure*. Le lendemain, le professeur attira une foule de gens autour de lui. Rappelez-vous mes propos du début où je vous disais que tout, dans cet univers, fonctionne d'après le principe de l'holographie. Eh bien, vous voyez ? Notre monde intérieur est également régi par ce même principe. »

J'étais sidérée ! Ce passage de la conférence reprenait presque intégralement l'idée que ma voix intérieure venait tout juste de me révéler dehors, sous la chaleur vive du soleil. Que se passait-il ? Le guide intérieur ne m'avait-il pas annoncé qu'il était un voyageur du temps répondant à mon appel ? Maintenant, il semblait bien que le conférencier était la source de cette information, que j'avais tout simplement captée par télépathie. Qui était alors le « véritable » voyageur du temps ? Celui de ma voix intérieure ou celui de la conférence ?

Inutile de dire que Don et moi étions ravis de cette conférence. Tout au long de la présentation, nous sentions nos cellules vibrer de joie. Du tréfonds de notre être, nous reconnaissions la vérité de l'information présentée, comme si notre ADN avait chanté « alléluia ! ». En jetant un regard rétrospectif sur le moment vécu, je me réjouis de la fine intuition développée dans nos corps. La pensée peut générer une kyrielle de questions et de doutes. Combien de fois avais-je laissé le doute anéantir une vérité ? Dans le cas présent, je me sentais vibrer en parfait accord avec le sujet. C'était comme entendre une cloche et sentir résonner l'écho dans toutes mes cellules ou, encore, comme ressentir des vagues d'harmonie envelopper et bercer mon âme.

Nous avons rapidement suivi le conférencier dehors et avons appris qu'il donnerait un séminaire intensif deux semaines plus tard dans le haut désert de l'Arizona. Il nous a expliqué que les gens dormiraient dans des yourtes et se régaleraient de repas végétariens pris en plein air et que le séminaire porterait sur le voyage dans le temps !

Je suppose que j'aurais dû m'en douter. Peut-être cet homme existait-il vraiment, à l'intérieur comme à l'extérieur ! Peut-être était-il même un véritable voyageur du temps ! Tout allait être encore mieux que je n'aurais jamais pu l'imaginer.

Chapitre 7

Quelques semaines après notre première rencontre avec le voyageur du temps, Don et moi roulions vers le haut désert de l'Arizona dans le but de participer à son atelier. En cette journée du début d'automne, l'air était sec et l'été indien caressait notre peau de ses rayons dorés.

À notre arrivée à l'institut Rim, nous fûmes accueillis par de grands pins pignons secs. C'était le milieu de l'après-midi. Les brindilles craquaient sous nos pas entre le stationnement et le bureau d'inscription. Notre petit groupe se composerait principalement de couples.

« Madame Selke, vous avez demandé un repas végétarien ? » dit l'agent de bord, m'arrachant à mes réminiscenses du parfum âcre de la forêt de pignons et me ramenant au monde actuel, à ce voyage en jet. Je m'étais laissée entièrement absorber par ma rêverie. « Oui, merci », ai-je répondu, tout heureuse de me rappeler soudain que j'étais assise dans un avion en direction d'Hawaii. J'ai déposai un léger baiser sur la joue de Don, me réjouissant plus que je ne saurais le dire de pouvoir partager tant d'aventures avec lui. « Je me rappelais le temps que nous avons passé ensemble à l'institut Rim », lui ai-je dit, pour lui laisser savoir dans quel univers je me trouvais.

« C'est en raison de ce que nous avons appris là-bas et des développements ultérieurs que nous effectuons aujourd'hui ce voyage vers les dauphins, a-t-il répondu. Nous avons compris que notre univers fonctionne d'une manière holographique et que nous sommes les seuls à écrire le scénario de notre vie. »

Ces paroles faisaient encore écho dans mes oreilles tandis que je retournais à mes pensées et aux mets savoureux que nous allions déguster durant notre séjour à l'institut Rim : une semaine de gastronomie végétarienne ! J'avais hâte de me nourrir... sur tous les plans. Pour vivre activement dans le monde, il faut savoir garder l'équilibre et l'heure était venue de nourrir nos âmes avec la quiétude des dimensions intérieures.

Durant les premiers jours de notre séjour à l'Institut, on nous amena lentement à prendre conscience du monde intérieur si riche de notre propre cinéma holographique. On nous enseigna ensuite les méthodes de transformation présentées quelques semaines auparavant par le voyageur du temps, lors de sa conférence.

À la fin de chaque exercice, je sentais de plus en plus de lumière pénétrer mon corps. Chacune des images que je portais en moi révélait dans son essence même une intention positive. Si sombre que fut cette image, ou ce sentiment, elle voulait d'abord être aimée et comprise, et elle me communiquerait ensuite ce qu'elle avait *réellement* voulu créer.

Me servant de la méthode de transmutation, il ne m'était jamais nécessaire de décider ce qui serait le mieux *pour* « l'image-problème ». Si je demandais à l'image de projeter sa propre sagesse, elle me dirait ou me montrerait toujours ce qui serait le mieux.

C'était comme glisser dans un trou noir et, une fois l'obscurité devenue insurmontable, demander à l'image ce qu'elle voulait vraiment, puis recevoir une nouvelle image exprimant parfaitement le besoin véritable et profond, déjà comblé, et se sentir projeté dans le trou blanc, le revers du trou noir. Cette transformation par l'image équivaudrait au passage dans une autre dimension, *en traversant le temps et en contournant l'apprentissage linéaire.* Le processus normal d'apprentissage visant à l'expression de notre potentiel le meilleur s'accompagne souvent de souffrances profondes, mais je pouvais maintenant comprendre l'intention la plus pure de n'importe quelle difficulté en quelques minutes, à partir d'une simple demande.

Pour dépasser l'apprentissage linéaire, il fallait accepter qu'à la base du mal réside le bien. Notre voyageur du temps mentionna au début que le mot anglais *evil* – le mal – épelé en sens inverse devient *live* – vivre. « Cette explication se défend bien en anglais, songeais-je, mais en allemand, *live* se rend par *leben* qui, épelé en sens inverse, devient *nebel*, soit brouillard. Même cela, malgré tout, pouvait tenir lieu de métaphore appropriée pour transposer l'idée d'une vie désordonnée. »

Les récits de personnes ayant guéri leur vie en travaillant avec notre voyageur du temps ne manquaient pas. Un après-midi, pourtant, celui-ci nous raconta s'être déjà demandé si les changements effectués dans sa propre pensée produisaient un effet quelconque dans son milieu.

« Alors, dit notre voyageur du temps au cours du quatrième jour de l'atelier, comme je peux modifier mes images intérieures et, ainsi, créer des effets aussi spectaculaires dans ma vie extérieure, je me suis demandé si le même processus pouvait affecter également le monde dans son ensemble. » D'une voix pensive, il continua : « Je prenais en considération les gaz toxiques dans l'État où j'habite. Ils sont produits et entreposés en quantités si importantes par le gouvernement qu'ils pourraient exterminer la vie sur la planète quatre-vingt-dix fois. »

« Je tenais une image mentale de ce à quoi pouvait ressembler ce gaz : un immense nuage de couleur orange. J'ai demandé à ce nuage orangé quel but il poursuivait, et il m'a répondu qu'il maintenait la paix en jouant des jeux de stratégie militaire. Pour assurer la paix, il se servait de menaces de mort. Ainsi, le désir qui l'animait vraiment était le maintien de la paix. »

Sa voix ressemblait à celle de quelqu'un qui avait joué, tel un enfant émerveillé, avec ce nuage gazeux de couleur orange. Au fil de son récit, il rapporta sur un ton animé : « J'ai demandé à l'image à quoi elle ressemblerait si la paix qu'elle souhaitait existait déjà. En un éclair, elle m'a envoyé une nouvelle image illustrant comment elle pourrait assurer la paix en jouant des jeux de stratégie pacifique au lieu de stratégie militaire. Quelle solution fantastique ! J'ai terminé le processus de transformation d'images et me suis retrouvé déambulant en portant une nouvelle image de jeux pacifiques dans ma station radiophonique mentale. »

Il termina son histoire en ajoutant : « Quelques mois plus tard, alors que je nageais avec des dauphins en Floride, je fis la rencontre d'un homme très intéressant. Après avoir établi que nous étions mutuellement des penseurs actifs dans le domaine de la physique quantique, je lui demandai ce qu'il faisait dans la vie. Il m'annonça que, jusqu'à récemment, il avait été responsable de jeux de stratégie militaire au Pentagone, mais que tout dernièrement on lui avait donné la responsabilité de développer des jeux de stratégie pacifique !

« Inutile de vous dire à quel point j'étais sidéré ! conclut pensive-ment notre voyageur du temps. Cela tenait-il de la simple coïncidence ou y avait-il une correspondance entre mon travail intérieur et notre rencontre ? »

À ce point de l'atelier, mon propre intérêt était piqué au vif. On sait que les chamans provenant de cultures diverses font appel aux forces de la nature. Ils implorent l'aide des génies de la pluie et des nuages et, en utilisant leur pouvoir visionnaire, rétablissent l'équilibre dans leur communauté. Ce cheminement était-il une façon d'accéder aux régions connues des chamans ? Le processus de transformation par les images que nous apprenions paraissait très simple et semblait n'être qu'un outil de transformation personnelle. Pourtant, cet atelier commençait à ressembler à un stage de formation s'adressant à qui voulait devenir un chaman et un guérisseur planétaire.

Chapitre 8

Plus je devenais consciente de la profondeur et de la portée de ce travail d'imagerie mentale, plus je m'inquiétais à l'idée que nous nous laissions peut-être prendre dans un tissu d'illusions. Les conséquences inhérentes au pouvoir de ce processus m'amenaient à m'interroger sérieusement.

Comme l'enseignent de nombreuses philosophies orientales, il vaut mieux apaiser la pensée et ne pas se laisser absorber par le monde des apparences. Toute vie manifestée n'est qu'une danse d'énergie qui divertit sans cesse la pensée. Cette danse est censée être le piège de la vie ; elle captive l'âme par son propre divertissement. Il m'importait de savoir si ce travail d'imagerie allait m'éclairer ou non.

Je me souviens d'une soirée passée en compagnie d'une femme appelée Natasha, toutes deux assises sur un mur de pierre sous des pins pignons. La voûte étoilée scintillait dans la nuit paisible et chaude. Femme vibrante aux traits exotiques, Natasha avait le type amérindien et sa présence évoquait une biche dansante riche d'expériences intérieures. Nous avons engagé la conversation sur la nouvelle technique enseignée qui, malgré sa simplicité, commençait à ébranler nos convictions les plus enracinées. Petit à petit, nous avons découvert que nous partagions des inquiétudes analogues. Et si ces méthodes n'étaient qu'une tentative pour nous éloigner de notre cheminement spirituel ? Je pouvais bien constater l'efficacité du processus en observant chacun d'entre nous. Par contre, n'avions-nous pas appris qu'il valait mieux ne pas se laisser berner par le monde des illusions, ne pas essayer d'y changer quoi que ce soit, puisque la vie est sans fin un nouveau mirage ? N'était-il pas préférable d'essayer de « sortir des dimensions inférieures » plutôt que de se raconter des histoires ?

Nous avons décidé de poser la question à notre intuition. Les yeux fermés et portées par le rythme léger de notre respiration, nous nous sommes détendues et avons laissé notre lumière intérieure se dilater dans l'éther, autour de nous. Je sentais mon champ énergétique prendre de l'expansion. M'imaginant dans un halo de lumière, j'ai commencé peu à peu à sentir que je flottais littéralement.

Lentement, j'ai concentré mon énergie sur une étoile juste au-dessus de ma tête et, comme si je nageais vers elle depuis les profondeurs de l'océan, je me suis mise à monter en flèche jusqu'à faire surface sur l'eau. Plus haut, encore plus haut, je me suis élevée jusqu'à ce que je prenne conscience d'être dans l'étoile. Bien sûr, je gardais toujours la sensation des pierres sur lesquelles j'étais assise, mais en arrière-fond de ma pensée, car l'essence lumineuse de mon étoile prédominait. Plus haut, toujours plus haut, je suis montée jusqu'à dépasser tout à coup la sensation d'être moi pour devenir pure conscience.

J'ai encore poursuivi mon ascension, désireuse de poser quelques questions à la Source-de-tout-ce-qui-est. En fait, je cherchais à savoir si, par ce nouvel enseignement, je jouais seulement avec l'illusion de la vie ou s'il servait une fin utile. Je percevais également la présence de Natasha et la sentais modifier sa fréquence vibratoire et devenir lumière, sans personnalité.

Après un certain temps, durant lequel ma conscience s'élargissait toujours davantage, je me suis mise à percevoir le cycle perpétuel appelé Vie. Pulsation de va-et-vient… il n'y avait que cette Vie, qui dure… et perdure… éternellement.

J'ai compris que, dans tout ce processus appelé Vie, Dieu se reflète en lui-même. Il se découvre lui-même. Il n'y avait aucune fin en vue. Une compréhension profonde se dessinait dans ma pensée. Si la Vie, dans toute sa formation, ne reflétait pas le vrai visage de Dieu, alors il aurait pu, depuis l'éternité du temps, absorber toute sa création en lui-même, dans l'Unité infinie. Si la dissolution de la « forme » et de la « création » avait en effet été le dessein premier, elle se serait déjà réalisée.

Au lieu de cela, j'ai vu toutes les formes de manifestation possibles se perpétuer telle une danse continue de vie et de conscience. Je sentais que Dieu se réjouissait d'être. Dans ma vie personnelle, j'avais remarqué que la satisfaction la plus profonde résidait dans la simultanéité du fait de me concentrer sur la connaissance de Dieu en toute chose et de vivre ma vie actuelle pleinement.

J'ai vu comment nous créons la réalité simplement à partir de ce sur quoi nous centrons notre attention. C'était comme si, en tant qu'être humain, j'apprenais à rêver consciemment dans le grand rêve du Un, permettant à Dieu de se voir lui-même, de se refléter à travers mes yeux.

J'apprenais à aimer les ténèbres et à saisir que toute chose recèle un potentiel lumineux. Il ne m'était plus nécessaire de lutter contre les ténèbres, de les ignorer ou même de les dissiper. Il ne s'agissait que d'ouvrir mon cœur et de reconnaître qu'au fond toute chose contient une intention positive, car toute chose est issue de la même substance appelée Vie, dont l'origine remonte à Dieu.

En conséquence, j'étais libre de laisser les ténèbres en moi devenir lumière. Plus profondément encore, je comprenais que derrière tous les ténèbres se dissimule la lumière, et que celle-ci en est l'aspect le plus élevé. Tout cela fait partie de l'échiquier que l'on appelle la Réalité, la mousse quantique.

Lentement, mes doutes s'évanouissaient, et une compréhension accrue pénétrait mes dimensions subtiles. La vie tient peut-être davantage de la prise de conscience et de l'expression de l'énergie divine inhérente à toute chose que de la lutte pour se sortir du tohu-bohu appelé Vie.

Peut-être l'extase résulte-t-elle de la connaissance de la Source, de la fusion avec elle, tout en l'exprimant dans toutes les facettes possibles. La réponse se trouve à la fois dans l'unité *et* dans la diversité, et non dans l'une *ou* dans l'autre.

Finalement, je me sentais satisfaite. J'ai donc acheminé l'information à travers le temps et l'espace pour l'ancrer progressivement dans mon cerveau humain. Cette étape est vitale à tous mes voyages intérieurs, car il m'est nécessaire d'enregistrer cette information dans mon corps mental. Au fur et à mesure que j'envoyais l'information à mon moi humain, c'était comme si j'observais la lumière de cette connaissance filtrer à travers les dimensions, cascader dans les mondes intérieurs comme l'eau d'une fontaine et retomber dans son bassin, entraînant cette connaissance dans la terre, puis la sentant remonter dans mon corps, prête à être assimilée. De cette façon, je pouvais enregistrer l'information apprise et m'en souvenir au besoin.

Les pins pignons m'ont doucement ramenée à mon entourage, reconnaissante de vivre dans une mer vibrante de conscience en action. Après avoir remercié Tout-ce-qui-est, j'ai réintégré avec clarté ma conscience dans le plan physique.

À peu près au même moment, Natasha revenait de son voyage intérieur. Presque simultanément, nous avons demandé l'une à l'autre : « As-tu obtenu une réponse ? » Et d'un ton songeur, Natasha a ajouté : « Quel voyage j'ai fait ! Il semble que nous ayons toutes deux voyagé sur des sentiers similaires. »

Satisfaites, nous avons songé au lendemain ; nous plongerions dans le monde du voyage à travers le temps.

« Je me demande ce que nous réserve le voyage dans le temps, particulièrement si nous pouvons voir des changements durables », ai-je dit pensivement. Nous avons marché un moment en silence, sentant les arbres effleurer notre peau, bercer notre âme et nous chuchoter « bonne nuit ».

Chapitre 9

Le lendemain, notre voyageur du temps allait nous montrer l'intime connexion entre la vie, le temps et l'imagination. Le voyage objectif à travers le temps perdrait son attrait, nous dit-il, au fur et à mesure que nous franchirions la ligne imaginaire entre le temps intérieur et le temps extérieur.

Je me souviens encore de la première conférence qu'il nous a donnée : « Le temps et l'espace possèdent différentes propriétés selon les dimensions, ajouta-t-il, comme si de rien n'était. Nous, les humains, qui vivons ici dans l'univers à trois dimensions, traversons le temps d'une façon surtout linéaire. Ce que je fais aujourd'hui entraînera des conséquences demain.

« Le temps semble contribuer à l'expression des capacités et à l'acquisition de la connaissance. On peut passer d'une option à une autre et en observer les conséquences. Réfléchissez bien : si la vie est comparable à une école où l'on peut constater les effets de ses actions et en tirer une leçon, ou tout simplement prendre plaisir à suivre le développement de sa propre création, alors le temps, tel qu'on le connaît, a une grande valeur.

« Dans cet esprit, l'expérience du processus de vieillissement se révèle fascinante. Le changement hormonal au cours de notre vie engendre divers mécanismes de pensée et différents rapports avec les autres. Les grands-mères ne seraient pas ce qu'elles sont si les hormones qui circulent dans leur corps étaient les mêmes que celles de leur adolescence. Si c'était le cas, elles chercheraient le compagnon idéal au lieu de câliner leurs petits-enfants.

« Le déroulement des événements dans le temps est vraiment très attachant. L'amour prend un sens parce qu'il peut être vécu, observé et senti dans l'action. La joie d'unir son corps ou son âme à un autre être ne peut exister que parce qu'il y a une séparation ou une nature séquentielle à la manifestation.

« Vous vous demandez sans doute pourquoi j'exalte l'expérience de vivre *dans* le temps ? Si vous vous souvenez de la façon dont, précédemment, nous avons réussi à transformer les prétendus « automatismes négatifs », vous verrez que nous avons toujours cherché à reconnaître comment ils nous avaient servis et ce qu'ils nous avaient apporté. En somme, nous avons su les apprécier pour ce qu'ils désiraient réellement.

« Se sentir libre de tout asservissement, c'est être capable d'aimer les limites pour ce qu'elles nous apportent. Quel don précieux cache un tel asservissement ? Si nous nous sentons captifs du temps et ne savons pas reconnaître ce qu'il a de précieux à nous offrir, nous ne pourrons jamais nous libérer de son emprise sur nous.

« Alors, regardons ensemble quelles richesses notre filiation humaine nous a léguées. Quels sont les dons hérités de votre arbre généalogique ? demanda notre voyageur du temps. Tous vos ancêtres ont tissé, d'une façon ou d'une autre, un magnifique fil à travers les vies de votre famille. D'une décision à l'autre, consciente ou inconsciente, chaque génération a apporté quelque chose de précieux dont vous êtes aujourd'hui l'ultime dépositaire. Qu'est-ce que ces richesses signifient pour vous ? » Il termina en ajoutant : « Portez votre regard au-delà de la négativité évidente qu'elles semblent présenter. »

Je songeais aux dons que je possédais : la créativité, l'émerveillement devant la nature, des aptitudes multiculturelles, l'intuition, l'amour des voyages, l'appréciation des choses simples, l'accès aux régions invisibles, mon patrimoine génétique – bon ou mauvais – et j'étais polyglotte. Mais il y avait aussi les événements douloureux, la tristesse et le deuil. Après les avoir étudiées de plus près, les difficultés nous apparaissaient comme autant de trésors en puissance.

La mort de mon père, lorsque j'avais deux ans, m'avait poussée à rechercher sa présence dans les dimensions intérieures, ce qui m'avait ouverte aux mondes subtils. Aussi douloureuse qu'avait été sa perte, en elle se dissimulait un don grâce auquel j'avais appris à devenir sensible aux autres dimensions de la vie.

Il n'était pas toujours facile à toutes les personnes du groupe de voir les trésors cachés, particulièrement dans des situations d'abus, mais nous avons pu voir comment le passage du temps léguait des richesses dont l'éventail de possibilités d'expression et d'apprentissage devenait illimité.

« Bientôt, chacun de nous voyagera dans un aspect du passé qui détient une clé essentielle pour lui. Lorsque nous pourrons percevoir le schéma de base derrière une vie apparemment chaotique, nous pourrons également reconnaître comment la vie est façonnée de façon à fournir une occasion à l'Amour de s'exprimer. Vous pourrez voir au-delà des contraintes de l'abus, des guerres et des luttes, etc. Toutes ces menaces camouflent des appels silencieux à l'Amour, la face cachée de Dieu qui brille en toute circonstance.

« Durant ces derniers jours, poursuivit-il, nous avons bâti un champ de résonance. Les images avec lesquelles vous avez travaillé sont des êtres sacrés qui vous aident et sont aussi réels que tout autre être que vous connaissez. La rose rouge de l'amour, la pyramide et le grand chêne sont des images symboliques pour votre pensée. En fait, je pourrais dire que ces images sont plutôt comme des esprits-guides venus d'une réalité beaucoup plus profonde.

« L'énergie de l'Amour se trace maintenant un chemin dans votre vie. La rose rouge tient dorénavant le palmarès sur les ondes de votre radio intérieure. Alors qu'avant vous jouiez peut-être sans répit des airs tristes et funèbres, vous transmettez maintenant de nouvelles ondes sonores, une chanson d'Amour. L'ancienne énergie a subi un processus de maturation. Vous en avez tiré une expérience et avez retenu que la compréhension linéaire et le temps ne sont pas les seuls moyens de fonctionner. Ainsi, vous êtes passés outre le temps pour atteindre une nouvelle dimension.

« En retenant l'image transformée, qui exprime maintenant ce qu'elle voulait et ce que vous vouliez vraiment obtenir, vous pouvez créer une nouvelle réalité. Vous rêvez votre monde à nouveau. Si vous désirez voir la beauté autour de vous, connaître le but de la leçon derrière chaque circonstance et réaliser votre part dans la cocréation du rêve de la Vie, vous êtes alors prêts à naviguer à travers le temps.

« Imaginez qu'on vous a ouvert une porte vous permettant de passer de votre univers tridimensionnel à votre univers multidimensionnel. Construisez le champ vibratoire et le reste viendra. »

Il s'arrêta un moment et resta silencieux, le regard tourné vers les rives éloignées du temps. Le réseau de lignes lumineuses se dilatait devant sa vision. Il savait que l'heure approchait à grands pas, pour certains membres du groupe, d'amorcer leur voyage à travers le temps. Peut-être cet après-midi-là...

Chapitre 10

Le repas de midi avait été des plus délicieux, un festin végétarien apprêté au beau milieu d'un désert en haute altitude ! Don et moi avons marché, lentement, dans les sentiers de la forêt, heureux de passer un moment ensemble. Il me regardait avec des yeux si lumineux, rayonnant d'amour et de joie. Son regard me rappelait souvent celui d'un aigle ou d'un ange.

Dans un crissement sourd, j'ouvris la porte de la yourte où se tenait l'atelier. Les rayons dorés du soleil pénétraient dans ce gîte semblable à une tente. Le décor me rappelait l'histoire des Amérindiens. Dès notre arrivée à l'intérieur, nous remarquâmes notre voyageur du temps penché sur le côté, prêtant une oreille attentive à Natasha qui, allongée sur le plancher, sanglotait. Rapidement, on nous informa de la situation. Natasha avait senti que la toile du temps voulait lui livrer quelque chose et elle s'était déclarée prête. Au lieu d'aller manger, elle avait attendu, assise, que l'énergie élevât son esprit.

Dans son voyage intérieur vers le passé, elle voyait maintenant le « chemin des larmes ». Elle observa d'abord la vision de très haut, l'âme déchirée par la douleur que les Amérindiens avaient éprouvée sur le chemin. C'est alors qu'un de ses guides intérieurs s'offrit afin de l'aider dans son voyage. Il la conseilla depuis la perspective de son moi le plus haut, lui indiquant qu'elle devait se pencher sur la douleur du passé. Sinon, le retrait la maintiendrait dans un état figé d'incompréhension qui affectait sa vie de nombreuses manières. Elle pouvait maintenant déployer la puissance des événements et prendre conscience de la profonde compassion et de la connaissance qui résulteraient de son voyage dans le passé.

Elle avait à présent atteint la maturité nécessaire pour accomplir ce voyage. Ce qui s'ensuivit furent d'abord des sentiments horribles, des scènes de batailles sanglantes, de haine ou de résignation entre les Blancs et les Amérindiens. Personne, dans notre groupe, ne resta indifférent. Nous pouvions tous ressentir les événements de l'époque, chacun à notre façon.

Je sentais que j'avais bien pu être une Amérindienne moi-même. L'ironie voulait que je sois maintenant une Blanche, bien qu'Allemande, qui vivait sur des terres ayant appartenu précédemment aux Amérindiens. Mon cœur était profondément affligé pour ce peuple. Avec quelle fierté nous avions – ils avaient – pris soin de l'esprit de la terre ! Pourquoi cela était-il arrivé ? Qu'avions-nous fait de mal ? J'étais également absorbée par les événements, voyant devant moi le théâtre de la décimation de la nation indienne.

Le guide intérieur de Natasha l'amena au « lieu du grand dessein », là où se trouvaient tous les êtres, dans leur robe de lumière. Elle vit la lumière dans laquelle baignaient tous ceux qui avaient joué un rôle dans ce drame du chemin des larmes. En ce lieu, tous les êtres vivaient unis, en communion intime. La leçon qu'ils se préparaient à apprendre était celle de l'amour, du pardon et de l'acceptation de la nature interchangeable de chacun des acteurs. Cette effusion de sang aurait pu être une communion. Le but réel de tout cela ? Que chacun prenne conscience du fait qu'il faut arriver à transcender la notion de séparation. C'était là une leçon difficile et essentielle, et bon nombre d'êtres avaient dû s'incarner bien des fois, dans maintes situations différentes, afin de l'apprendre. Natasha avait été amérindienne, puis colonisatrice, et elle pouvait à présent comprendre comment chacun voulait assurer sa propre survie et sa tradition.

En tant qu'âme, elle avait vécu les difficultés des divers camps. En vérité, comme âme, elle n'était ni une Amérindienne, ni une colonisatrice. Au-delà des options d'apprendre l'Unité intrinsèque à toute vie et l'Amour, elle demeurait libre dans son âme.

Malgré cela, elle était encore aux prises avec cette leçon. Dans cette incarnation, elle était une Blanche, mais avec les traits caractéristiques d'une Amérindienne, et la douleur de vivre sur le sol américain en tant que personne blanche la hantait profondément. Elle commençait maintenant à voir la beauté de tous les êtres voyageant sur le « chemin de la connaissance ».

Notre voyageur du temps demanda à son guide intérieur de lui présenter une image de la profondeur de la connaissance, de la compréhension de l'âme qui vit sous tant de visages différents, lesquels servent tous de leçon d'Amour et d'Unité. Un cristal lumineux en forme de rosette apparut alors dans son champ de pensée. La rosette, portée par l'assurance profonde de l'amour qu'elle savait inné au cœur de l'ennemi, fut envoyée dans toutes les scènes de souffrance et de détresse passées pour guérir tous ces événements. Une compréhension profonde d'Unité envahit son entendement cellulaire du passé, du présent et de l'avenir.

À mesure que les ondes parcouraient son corps, des frissons de savoir s'enregistraient dans sa mémoire cellulaire. Son corps et son psychisme ne pourraient pas différencier les expériences imaginées des « réelles », car, pour son être profond, la même impression s'appliquait.

Selon notre voyageur du temps, en plus de guérir son être intérieur en transformant ses émotions et ses souvenirs passés, Natasha contribuait également à la guérison de tous ceux qui avaient foulé le chemin des larmes dans le réseau interne du temps. Ce n'est que plus tard que j'allais constater à quel point ce travail d'imagerie dépassait notre vie personnelle. La vie intérieure et la vie extérieure se marient et deviennent interchangeables.

Natasha laissa cette intense compréhension de l'Amour et de l'Unité s'installer en elle. Son guide intérieur l'amena ensuite dans un lieu futuriste, où nous pûmes apercevoir une nouvelle façon de s'incarner. Au lieu d'assumer une seule forme de vie, nous pouvions maintenant entrer dans une forme donnée et en sortir beaucoup plus vite. Lorsque la tâche dans une forme particulière était accomplie, nous pouvions simplement sortir de ce corps et en emprunter un autre. Pour un instant, nous pouvions être un tigre et, ensuite, un extraterrestre. Une autre âme apte à vivre l'expérience pouvait, si elle le désirait, prendre le corps que nous venions tout juste de quitter.

Sous certains rapports, cette capacité recoupait ce que nous avions appris précédemment sur le chemin des larmes. L'essence de la compréhension tient au fait de pouvoir entrer et sortir des formes afin de poursuivre son évolution, sans trop s'identifier à aucune d'elles en particulier.

Quelle joie de se joindre à ce voyage ! Sur le marché de l'emploi, de nouvelles offres de service pourraient se lire comme suit : « Guide intérieur pour qui s'intéresse aux voyages multidimensionnels. »

C'était maintenant mon tour…

Chapitre 11

En vue de préparer mon voyage intérieur, je m'étais installé un petit coin avec des oreillers et des couvertures. Cette expérience s'annonçait différente de tous les exercices d'imagerie précédents. Ce n'est qu'après m'être allongée et avoir invité mon guide intérieur à m'accompagner dans le passé, là où un nœud s'était formé, que j'ai compris dans quelle mesure le « champ » mentionné par notre voyageur du temps était réellement une porte d'accès à une autre dimension. Comme si j'étais portée par des mains chargées d'énergie, j'ai commencé à flotter et à filer rapidement à travers une suite d'images.

Tout à coup, le déroulement des images s'est interrompu et je me suis retrouvée dans un grand bâtiment de pierre. J'ai reconnu dans la sculpture des pierres l'architecture aztèque. Là, des images macabres de torture et d'emprisonnement trop effrayantes à regarder me sont d'abord apparues. Puis, au fur et à mesure que mon guide me dirigeait, nous avons étudié les leçons demeurées en suspens pour moi dans cette incarnation.

À l'époque, j'avais été prêtre, et en dépit du fait que je savais fausses les doctrines du culte et les rituels inutiles d'immolation, je n'avais rien osé dire. Je n'avais pas dit la vérité de peur d'être tué. Il est fort possible que cela m'aurait coûté la vie, mais le fardeau que je portais encore depuis ce temps demeurait un sentiment de responsabilité non assumée. J'avais jugé le peuple qui ne faisait que suivre les traditions et dont les individus se comportaient comme des moutons. En restant à distance, j'avais trouvé une excuse, une porte de sortie pour justifier mon comportement.

Le but que j'avais foncièrement visé était d'exprimer la vérité d'une façon non égoïste, de refléter la lumière du monde spirituel et de démontrer que nous pouvons tous être en communion avec Dieu, comme nous le sommes au cœur de notre essence. L'image qui m'est venue ensuite représentait celle d'un être lumineux debout, les bras ouverts, tout de blanc vêtu et éclatant de splendeur. J'ai laissé cette image transformer mes peurs et mes jugements anciens en un rayonnement de Vérité, d'Amour et d'Esprit.

J'avais l'impression de me libérer d'un iceberg antédiluvien qui pesait lourd à mon l'âme. Ma critique envers les autres et moi-même s'effaçait et laissait place à la compassion, à la compréhension et au désir de partager du fond du cœur. J'ai commencé à sentir le changement se répercuter dans mon corps. Des vagues de joie et de vitalité me submergeaient. C'était comme si le portail du temps s'ouvrait et me laissait réécrire les scénarios des anciennes souffrances pour laisser transparaître enfin la beauté qui attendait de se révéler à moi depuis toujours.

Sentant que cette vague de changement s'achevait, j'ai demandé intérieurement si la transformation intégrale était terminée. Mon guide m'a rapidement dirigée vers une autre expérience, cette fois beaucoup plus récente.

Il m'a ramenée à cette incarnation-ci, à l'âge de trois ans. Née à Kaboul, en Afghanistan, je parlais le persan et l'allemand durant les premières années de ma vie. Comme j'avais appris tôt à parler, il m'était facile de m'exprimer couramment dans les deux langues.

Au cours de la scène qui se déroulait, j'essayais de parler à ma mère, qui persistait à dire qu'elle n'arrivait pas à me comprendre. J'avais beau répéter, elle ne saisissait toujours pas mes propos. Cela occasionnait chez moi une énorme frustration. À partir de ce moment, j'ai présumé que, métaphoriquement, je devais parler chinois et que j'étais incapable de communiquer efficacement avec les autres. En présence de plusieurs personnes, je me sentais encore plus incomprise.

Mes concepts étaient-ils si hors de propos, ou bien était-ce que je ne maîtrisais pas bien le vocabulaire et la syntaxe ? Je croyais que cela tenait à la deuxième raison.

À présent, je réexaminais cette expérience : mon père était décédé lorsque nous vivions en Afghanistan. En vertu des lois du pays, il était interdit à une femme étrangère de vivre sur le sol afghan sans mari. Ainsi, ma mère avait dû nous préparer à retourner en Allemagne.

Jusqu'alors, je parlais le persan et l'allemand, et je me faisais toujours comprendre de tous. Mais maintenant, ma mère tentait de m'habituer à ne parler qu'allemand et finit par refuser de me comprendre quand je m'adressais à elle en persan. Je ne saisissais pas son intention, toutefois, et elle n'avait aucune idée de l'intensité avec laquelle cette situation se graverait dans mon subconscient.

Par cet éclaircissement et le travail intérieur en cours, j'ai demandé alors une résolution de la situation. Cette difficulté à m'exprimer était reliée à l'expérience vécue durant l'époque aztèque, lorsque j'avais refusé de dire la vérité et elle se poursuivait dans cette incarnation-ci. Malgré tous mes efforts, il m'était impossible de me faire comprendre. Comme si je parlais une langue étrangère. Grâce à la sagesse des mondes subtils, une solution s'est présentée à mon esprit : un arc-en-ciel aux multiples couleurs superposées deviendrait dorénavant mon moyen d'interprétation. Il traduirait automatiquement mon vocabulaire en mots, en expressions et en concepts faciles à décoder.

Je pouvais sentir la vague du changement rejoindre le passé lointain, traversant mon enfance et se prolongeant jusqu'au futur. Mes cellules semblaient subir une restructuration. Une sensation profonde de bien-être m'envahissait, et l'effet d'harmonie ainsi créé dépassait de beaucoup les frontières du petit « moi » d'ici-bas.

Peut-être mes changements intérieurs apportaient-ils des changements extérieurs ? Peut-être l'extérieur reflétait-il mon rêve intime de

plus d'une façon ? Si tout cela était vrai, alors nous sommes tous
beaucoup plus unis les uns aux autres et capables d'opérer des
changements positifs que nous ne le supposons d'ordinaire. Des
années plus tard, je découvris à quel point tout cela était vrai et
intimement relié à la pensée autochtone.

Mon voyage arrivait naturellement à son terme, et mon guide m'a
ramenée à travers les dimensions et les régions des mondes intérieurs.
Tout ce que j'avais appris s'assemblait en un tout cohérent et je
commençais à ressentir l'amour des gens autour de moi. À l'instar
d'une tribu, les personnes du groupe s'étaient rassemblées autour de
moi et chantaient un air d'anniversaire afin de célébrer mon retour
dans ce monde. Une nouvelle naissance ! Une partie profonde de mon
être voyait le jour.

Comme je m'asseyais et commençais à parler, une femme du
groupe me regarda avec admiration. Elle avait eu de la difficulté à
saisir ce que je disais précédemment alors que, maintenant, elle
déclarait me comprendre sans peine.

Était-ce l'ambiance créée à ce moment-là qui l'invitait à affirmer
cela ? Je ne sais. Ce qui est sûr, c'est que, peu de temps après, j'allais
me retrouver face à des auditoires de plusieurs centaines de personnes
dans le cadre de conférences et qu'on me féliciterait de ma capacité à
rendre des concepts si complexes en termes profanes. Ces changements
avaient résisté à l'épreuve de la réalité et j'en étais fière.

Chapitre 12

Une odeur appétissante chatouille mon odorat juste au moment où je change de position sur mon siège d'avion. Toute la connaissance acquise sur l'imagerie m'avait menée à entreprendre le présent voyage vers des dauphins en liberté. J'avais appliqué un programme spécifique d'imagerie afin de créer les conditions qui allaient m'amener aujourd'hui sur ce vol. Les dauphins avaient commencé à m'apparaître en rêve et à me montrer l'influence qu'exerçait le monde du rêve éveillé sur notre réalité extérieure.

Le tout avait débuté à l'aquarium Sea World, en Californie, juste après notre première rencontre avec le voyageur du temps.

Par une chaude journée, Don et moi avions acheté des billets dans le but de visiter Sea World. Nous étions arrivés juste à temps pour assister au spectacle des orques. Les orques [épaulards] sont les plus grands des dauphins mais, en raison de leur taille, sont à tort confondues avec les baleines. Les grosses taches noires et blanches de la magnifique orque que nous regardions lui donnaient l'apparence d'un jouet. En la voyant nager dans la grande piscine où elle s'offrait en spectacle, mes yeux se sont embués de larmes et mon cœur s'est mis à battre la chamade. Si on a tant soit peu d'intelligence, comment peut-on exiger d'un être pareil qu'il fasse ainsi des tours de cirque ? Imaginez la situation inverse où on imposerait une telle chose à un être humain ! Et pourtant, les orques n'auraient assurément jamais cette idée.

J'étais pénétrée par des sentiments dont la source demeurait inconnue. Je ne m'étais jamais vraiment intéressée aux dauphins et aux baleines jusque-là, mais je *savais* que cette orque avait une sensibilité qui dépassait de loin celle des humains. L'immensité de sa présence me touchait beaucoup plus profondément que je ne pouvais l'expliquer logiquement. C'était un peu comme si cette orque envoyait des messages télépathiques. Sans pouvoir discerner de pensées spécifiques, je savais que je recevais quelque chose qui dépassait ma compréhension. Plus tard, j'appris que beaucoup de gens sentent leur cœur s'ouvrir tout grand à la vue de dauphins ou de baleines. En leur présence, ils éprouvent souvent une joie inexplicable, qui touche parfois même à l'extase.

Après le spectacle, je pris une résolution : jamais plus je ne soutiendrais directement ou indirectement, la captivité des dauphins ou des baleines. C'était là la moindre des choses.

Notre visite à Sea World nous avait ébranlés, Don et moi. Après une chaude discussion, nous avons décidé de ne plus manger de thon. À l'époque, quantité de dauphins mouraient pris dans les filets servant à la pêche au thon.

L'évolution a donné à ces mammifères aquatiques un cerveau plus gros et un néocortex plus complexe que ceux des humains. Des chercheurs ont démontré que la quantité des replis du néocortex chez une espèce donnée est liée à son intelligence. Jusqu'à tout récemment, on supposait que les humains possédaient la structure cérébrale la plus complexe, mais cette notion a été renversée. En effet, les scientifiques ont découvert que les dauphins à museau bombé, à l'instar du marsouin Flipper, avaient une matière grise plus dense et plus complexe que celle des humains et que – même dans le cas où la densité du cortex était moindre – le nombre de connexions entre les neurones était aussi complexe que chez les humains. Alors surgit la question fondamentale : après cette étonnante découverte, où place-t-on les humains dans la hiérarchie de l'intelligence ?

Comme nos cousins mammaliens n'ont rien créé de durable, on

suppose qu'ils ne sont pas aussi intelligents, et certainement pas plus intelligents, que les humains.

Et si l'édification de structures telles que les fourmilières n'était pas nécessairement un signe de supériorité ? Et si la sagesse innée, la capacité d'aimer, la volonté de développer sa conscience et l'intuition de ne pas détruire la planète étaient plus valables ? En observant ces pensées traversant mon esprit, je me demandais d'où elles provenaient.

Voilà que ces créatures suscitaient un vif intérêt en moi ! Un sentiment aigu de compassion pour ces mammifères aquatiques gonflait mon cœur. Par conséquent, peu de temps après, je devenais membre de la fondation Greenpeace.

Une nuit, quelques mois après le séminaire à l'institut Rim, je fis un rêve : trois dauphins se trouvaient dans un grand réservoir. Une fuite d'eau avait partiellement vidé le réservoir et les dauphins étaient menacés d'asphyxie. Dans ce rêve, je ne réalisais pas que le manque d'eau ne représente pas nécessairement un danger de suffocation pour les dauphins, mais, que voulez-vous, tels sont les rêves. D'une façon ou d'une autre, je m'agitais pour attirer l'attention d'autres personnes afin de secourir ces pauvres dauphins. Après de considérables efforts, nous réussîmes à en sauver deux, mais le troisième périt durant notre opération de sauvetage.

J'ignorais, au moment où j'avais fait ce rêve, que les médias annonçaient que trois baleines avaient été emprisonnées sous une plaque de glace dans les eaux de l'Alaska et n'arrivaient plus à regagner le large. Les ouvertures dans la glace par lesquelles elles parvenaient à respirer se rétrécissaient graduellement et elles risquaient de suffoquer.

À l'époque, comme aujourd'hui d'ailleurs, je ne regardais pas la télévision et ne lisais pas les journaux. À mon avis, les médias engendrent un lavage de cerveau et une perte d'énergie trop considérables. Néanmoins, quelques jours après le rêve en question, alors que je passais devant un kiosque à journaux, la une des nouvelles attira vivement mon attention : « Deux baleines sauvées. » La troisième avait péri ! Je m'accroupis pour lire l'article. Étais-je en train de rêver ? Cette histoire me rappelait tellement mon rêve sur les dauphins que je me posais sérieusement des questions. Ces baleines avaient-elles envoyé un message ? La solution trouvée dans mon rêve avait-elle été d'un secours quelconque ? Mon rêve avait-il participé à créer un changement dans la réalité physique ? Et pourquoi avais-je rêvé à des dauphins plutôt qu'à des baleines ? Peut-être les dauphins sont-ils plus faciles à comprendre mentalement et la structure de leur pensée plus facile, à capter par les humains ? Peut-être les dauphins s'avéraient-ils de meilleurs messagers, du moins en ce qui me concernait ? Bien sûr, il se peut que, dans nos rêves, nous interprétions simplement les images en fonction de ce qui nous est le plus aisé à concevoir !

Chose certaine : mon rêve ne reflétait pas uniquement des besoins ou des désirs inassouvis de mon subconscient, comme Freud l'aurait supposé. Il était, en quelque sorte, en lien direct avec le véritable monde extérieur et communiquait avec lui, même si j'avais uniquement capté par télépathie l'attention que les gens portaient à l'événement, sans être au courant des nouvelles.

La correspondance entre la solution au problème des baleines dans le monde extérieur et l'opération sauvetage de mon rêve me fit réfléchir. Elle marqua le début de l'appel que m'envoyaient les dauphins.

Chapitre 13

« Jambon ou bœuf ? Pardon, madame, désirez-vous du jambon ou du bœuf ? » me demande quelqu'un d'une voix répétitive. « Non, merci », dis-je, brusquement tirée de ma rêverie. Je me rappelle immédiatement où je suis et j'ajoute, en souriant : « Nous avons demandé des repas végétariens. » Don, qui s'était endormi à mes côtés, se fait aussi tirer de son sommeil. Après avoir vérifié à la cuisine, l'agent de bord nous revient avec deux repas végétariens délicieux. Nous nous rapprochons d'Hawaii.

Les yeux entrouverts, je songe à la différence entre le rêve, la vision et l'avenir. Le monde concret semble de plus en plus souple. Les idées deviennent plus rapidement des réalités. Si mon grand-père avait rêvé dans sa jeunesse de voyager dans un engin volant, il n'aurait pas cru la réalisation de son rêve possible avant plusieurs milliers d'années. Au lieu de cela, les avions furent inventés juste quelques années après sa jeunesse en Allemagne, où il se déplaçait en voiture à cheval et jamais à plus de quelques kilomètres de chez lui.

Et me voilà, au début de la trentaine, filant d'un pays à l'autre dans des jets qui n'existaient même pas encore à l'état d'ébauche quand mon grand-père était jeune. L'invention du téléphone, de la cuisinière électrique et même de la machine à laver ne remonte qu'à très récemment. Des satellites tournent autour de la Terre, transmettant des chapelets d'information et d'images dans le monde à la vitesse de l'éclair.

Il y a toujours un rêve ou une vision à la base de toute découverte. Les personnes qui rendent les idées tangibles nourrissent souvent une vision, se sentent investies d'une mission et reconnaissent leur imagination comme l'instrument par lequel se concrétisent les choses.

En tant que conscience collective, nous naviguons tous ensemble. Quelques personnes entretiennent de grands rêves et chérissent de nobles visions qui deviennent une source d'inspiration pour d'autres, les poussant à concrétiser leurs rêves.

Les rêves de personnes déterminées, de visionnaires et d'écrivains n'ont-ils pas inspiré des créations futures en stimulant l'imagination des autres ? Les espoirs et les désirs de jeunes rêveurs ne sont-ils pas devenus la source d'inspiration et le moteur d'inventions conçues dans leur âge mûr ? À quel point Jules Verne, avec sa science-fiction, a-t-il influencé notre mode de pensée ? Ne sommes-nous pas tous, d'une certaine façon, en train d'actualiser nos désirs et nos rêves, individuellement et collectivement ? Assurément, c'est notre imagination qui nous motive et nous encourage à choisir une voie particulière.

Je me souviens des jeux de mon enfance avec ma sœur : nous installions nos poupées au pied de notre lit en prétendant que c'était nous et nous nous lancions dans des aventures imaginaires. Nous possédions évidemment des pouvoirs surnaturels. Notre imagination avait même la capacité de modifier les événements. Nous pouvions parler couramment différentes langues, nous pouvions voler dans l'espace et nous étions des détectives défendant la cause du Bien.

Un jour, alors que nous survolions une forêt, nous vîmes, à travers une percée dans les arbres, un lac au milieu d'un pré. Ce qui m'intrigue encore aujourd'hui est le fait que nous pouvions voir nos scènes respectives comme si c'était nos propres scènes. Nul besoin de nous dire quoi que ce soit, nous voyions littéralement toutes les deux les mêmes choses. Était-ce que nous voyagions dans les mêmes dimensions intérieures ?

Cette journée-là, dans notre imagination, nous descendîmes auprès du lac. Dès que nous nous fûmes posées sur l'herbe tendre, cependant, nous sentîmes le danger. Une présence de mauvais augure viciait la pureté de l'air. En voyant non loin de là une grosse camionnette, dans laquelle se trouvaient des individus à la mine peu engageante, nous crûmes bon de nous rendre invisibles et d'écouter. Ils volaient les cheveux des petites sirènes qui vivaient dans le lac et les vendaient dans les villes à des prix faramineux.

Nous décidâmes aussitôt de plonger dans le lac pour observer la situation de plus près. Effectivement, les sirènes étaient en état de choc. Dans leur profond désespoir, elles nous avaient appelées à l'aide. Évidemment, nous eûmes recours à nos pouvoirs magiques pour les libérer de leur situation critique. Les malfaiteurs durent comparaître en justice, sans trop comprendre comment ces sirènes et deux petites filles avaient pu les forcer à se rendre.

Une fois adulte, j'ai senti les chimères de mon enfance commencer à prendre vie : les sirènes étaient devenues des dauphins et j'allais venir à leur secours du mieux que je le pourrais.

Si, en effet, les semences de beaucoup de nos réalisations sont déposées dans les rêves de notre enfance ainsi que dans nos rêveries actuelles, alors notre monde a immensément besoin d'aide aujourd'hui. De fait, bon nombre d'enfants et d'adultes passent leur temps à absorber les rêves des autres par le biais de la télévision, de la publicité et de nombreux films ayant une influence néfaste. Au nom de l'information, on laisse croire au public que la télévision constitue le moyen de se tenir au courant. En réalité, la télévision est sans doute le facteur de division le plus influent dans la famille. Avec tous les regards alignés dans la même direction, les amateurs de télévision s'isolent dans leur propre monde émotif, de sorte que les vrais rapprochements et les partages se font rares chez eux. On a volé la vedette aux rêves en leur substituant la télévision. Et si les rêves de l'écran devenaient réalité, puisqu'il est dans la nature des rêves de se réaliser ?

Si cela devenait un signe d'intelligence, de créativité et de conscience de soi de se défaire de son téléviseur – et de ne pas seulement s'abriter derrière le prétexte que seules les émissions éducatives retiennent notre attention – plus d'individus commenceraient sans doute à user de leur imagination pour créer leurs propres rêves en prenant conscience qu'ils sont le capitaine de leur navire.

Les images, autant intérieures qu'extérieures, exercent une puissante fascination sur notre pensée. Par le fait même, cette attraction constitue un outil précieux ; elle nous invite à rêver, imaginer, désirer, espérer et dépasser les limites de l'univers tridimensionnel. Elle nous stimule dans notre quête vers la Source de Vie.

Une fois que nous offrons ce moyen d'évasion facile à notre pensée, en lui fournissant des images extérieures appartenant au cinéma, la dépendance s'enracine. Et parce que le fait de regarder la télévision est socialement accepté – au risque de se sentir déprécié si on ne reste pas branché aux émissions présentées à l'écran – personne ne menace de mettre fin à cette dépendance.

Cela ressemble à une hypnose générale.

Je me souviens d'une conversation avec une mère de famille qui venait tout juste de perdre son fils. Elle me raconta une expérience transcendantale vécue avec lui peu après son décès. En fait, il demeura en contact intime avec elle durant quelques semaines et tous ses messages, toutes ses directives se trouvèrent miraculeusement confirmés. Puis, un jour, elle lui demanda de répondre à la question suivante : « Quelle est *la* chose la plus destructrice pour l'humanité dont l'élimination lui serait le plus bénéfique ? »

La réponse sortit sans équivoque : « Débarrassez-vous du téléviseur ! »

Elle fut ébahie, ne s'attendant absolument pas à cette réponse. Évidemment, elle se défit sans tarder de son appareil, si grand avait été chez elle l'impact du message de son fils.

Chapitre 14

« Te souviens-tu, Don, à l'institut Rim, du moment où nous avons reculé dans le temps pour retrouver par l'imagination certains événements qui contenaient des blocages non résolus afin d'en amorcer la guérison et qu'ainsi nous avons recréé notre passé ? » lui demandai-je à la fin du repas. « Comment savoir si tout cela relève vraiment du passé, du voyage dans le temps ? Si tout cela n'est pas seulement notre beau cinéma intérieur ? Comment savoir si nous composons vraiment avec l'élément temps ? »

Toujours aussi réfléchi, il a pris son temps avant de répondre. Le visage tourné vers le hublot, ses yeux bleus erraient au-dessus du panorama de nuages, cherchant dans les contrées lointaines. J'ai senti qu'il dirigeait sa perception intérieure vers des régions sans cesse plus élevées. Nous naviguons tous très souvent dans ces mondes subtils, mais sans y attacher beaucoup d'importance, car nous considérons cela comme tout à fait normal. Don savait que toutes les réponses se trouvent à l'intérieur de nous, si nous pouvions seulement en saisir le sens !

Comme s'il parlait d'un autre monde, il a répondu : « Nous divisons le temps comme s'il s'agissait d'un événement linéaire. Mais le temps ressemble davantage à une toile semblable à l'étoffe des rêves. Si, par l'imagination, nous agissons de nouveau sur n'importe quelle partie de cette étoffe, les répercussions ainsi créées affectent toute la surface environnante. C'est ainsi qu'opère le principe holographique, et ce, à travers toutes les dimensions. Souviens-toi, poursuivit Don, de cet homme à l'un des séminaires qui n'avait jamais entendu son père lui dire quoi que ce soit de bon et n'avait même jamais reçu un jouet de lui. Quand il entreprit la guérison de son passé par le rêve éveillé, il vit que son père et lui avaient vraiment cherché à s'aimer l'un l'autre. Il put comprendre la douleur et les blocages qu'ils avaient tous les deux vécus et laisser l'Amour guérir son passé. Lorsqu'il retourna chez lui une semaine plus tard, il trouva un message de son père sur son répondeur. Pour la première fois de sa vie, son père lui disait qu'il l'aimait. »

Je me rappelais que la même chose s'était produite pour deux ou trois personnes lors de séminaires subséquents auxquels nous avions participé.

« Le père était transformé, enchaîna Don, sans qu'on lui ait soufflé mot, sans communication extérieure qui aurait pu déclencher une transformation aussi radicale. Étant donné que le seul changement accompli l'avait été dans l'étoffe du rêve, il me semble clair que nous avons la possibilité de rêver notre passé à nouveau, créant ainsi des changements ici et maintenant, et modifiant aussi l'avenir... »

La véritable machine à voyager dans le temps existe-t-elle en nous ? Est-ce notre conscience et notre attention qui prennent une nouvelle direction et modèlent l'étoffe du rêve de la vie ? En tant que créatures dotées de la faculté d'imagination, nous illuminons consciemment ou inconsciemment les nombreuses possibilités de l'Un, de Dieu en action.

« Tu sais, a ajouté Don après un certain temps, nous avons assisté à des changements très radicaux du temps, si troublants que toutes nos questions relatives à la réalité de l'imagination devenaient futiles. Rappelle-toi notre voyage à Stuttgart ! » Et comment, que je me le rappelais !

Un an après notre premier séminaire à l'institut Rim, nous étions allés en Allemagne, Don et moi, pour y donner un atelier de développement personnel, mais aussi dans le but de revoir famille et amis. Un jour, nous avons pris le train pour aller rencontrer un de mes proches amis, qui habitait plus au sud. Nous avions convenu de le retrouver à la gare de Stuttgart, après lui avoir indiqué l'heure et le quai d'arrivée de notre train. Malheureusement, ces dispositions avaient été prises peu de temps avant qu'il emménage dans un nouvel appartement et nous ne possédions pas ses nouvelles coordonnées.

Dès le début de ce périple, tout semblait aller au ralenti, à pas de tortue. Le train accusait un retard et devait s'arrêter de temps à autre en raison de travaux effectués sur les rails. Nous avons ainsi traversé gare après gare, toutes exhibant la fameuse horloge traditionnelle. Le temps n'avait pas ralenti – malgré l'apparence contraire – et il semblait impossible de rattraper les quarante-cinq minutes de retard que nous accusions déjà. Assise dans le petit compartiment, je sentais l'exaspération, la colère et la frustration monter en moi. Pourtant, je ne pouvais rien faire, sinon de rester assise et d'attendre. Je savais que notre ami, instrumentiste, avait encore une répétition avec l'orchestre symphonique ce même après-midi et il m'était impossible de lui transmettre un message ou de trouver sa nouvelle adresse. Nous étions vraiment coincés dans le temps, mais comme les trains en Allemagne ont la réputation d'être toujours à l'heure, nous n'avions pas prévu arriver en retard.

Tous ces sentiments à fleur de peau brouillaient mes pensées et perturbaient mes émotions, et j'ai commencé à me parler à moi-même. Ma seule échappatoire consistait à utiliser le processus d'imagerie que notre voyageur du temps nous avait enseigné. Nous l'avions déjà utilisé dans presque toutes les circonstances problématiques de notre vie. J'ai d'abord résisté, puis j'ai cédé.

L'image apparue me disait sincèrement : « Ce que je veux vraiment, c'est d'arriver là-bas à l'heure. »

Poussant un soupir, je me suis dit : « Si tout ce que je parviens à faire est de me remettre dans un meilleur état, ce sera mieux que de trépigner de colère. »

En transformant ma colère en son véritable désir, qui était *de retrouver notre ami à l'heure*, je ris en moi-même. Quelle farce ! J'étais là à imaginer être à l'heure alors que toutes les horloges le long du trajet ne cessaient de me rappeler la futilité de mon petit désir. J'ai fini, cependant, par me sentir mieux. Au moins, je pouvais voir la résolution de cette situation problématique dans ma pensée et me sentir plus en paix.

Enfin, nous sommes arrivés à Stuttgart ! N'ayant pu rattraper le temps perdu, la voie sur laquelle nous devions arriver était déjà occupée et nous avons dû débarquer sur un quai différent. Après avoir tiré nos bagages en tête du quai, Don a décidé d'aller se promener pendant que je restais avec nos valises. Peut-être notre ami attendait-il ailleurs ? Tout à coup, j'ai vu Don et Ali arriver sur le quai d'un pas alerte. « Qu'est-ce que vous faites si tôt ? » a demandé Ali, en rigolant. J'ai jeté un coup d'œil rapide à la grosse horloge de la gare et j'en ai eu le souffle presque coupé de surprise. Il ne se moquait pas de nous… nous étions d'avance !

Comment cela se pouvait-il ? Il faut plusieurs heures pour se rendre à Stuttgart, il n'y a aucun changement de fuseau horaire à l'intérieur de l'Allemagne et nous avions subi un important retard. Nous avions jeté un regard sur les horloges tout le long du trajet et nous allions être en retard en raison des travaux sur les voies. Et de fait, nous l'étions – du moins, jusqu'à ce que nous arrivions à Stuttgart. C'était un tel mystère, que nous n'avons jamais pu trouver d'explication logique à ce décalage dans le temps. Seul le travail intérieur que j'avais fait semblait fournir quelque indice.

Une circonstance similaire s'était aussi produite lors d'un voyage à Taos, au Nouveau-Mexique. Notre ami Marc, de Boulder, au Colorado, se trouvait de passage à Taos alors que nous rendions visite à un chercheur à Santa Fe. Au téléphone, nous avions convenu avec lui de nous retrouver à une heure précise, près d'un des postes d'essence à Taos.

À cette occasion, nous allions être en retard à cause d'un départ tardif.
Lors d'une conférence que nous avions donnée à Denver, Don et
moi avions fait la connaissance d'un scientifique et chercheur des plus
fascinants à qui nous rendions maintenant visite. Nos échanges et nos
discussions philosophiques du petit déjeuner nous avaient fait oublier
le temps et... nous étions en retard.

Dans le siège du passager, je sentais encore une fois la tension et le
besoin de vouloir rencontrer notre ami Marc à l'heure prévue. Sachant
que le trajet jusqu'à Taos prenait environ une heure, je me suis sentie
sérieusement préoccupée à l'idée que notre rencontre devait avoir lieu
dans trente minutes. Notre ami nous attendrait-il ? Nous ne savions
même pas où exactement se trouvait la station d'essence en question.

Mon anxiété me donnait la nausée, mais je pouvais au moins prendre en charge mes émotions en écoutant mon corps et en utilisant
l'imagerie intérieure que je connaissais si bien maintenant. J'ai suivi
le processus en accédant au sentiment dans mon corps afin de trouver
ce qu'il désirait vraiment. Ensuite, je l'ai laissé me montrer l'image de
ce désir déjà accompli. Aussi illogique que cela pouvait paraître, ce
sentiment exprimait simplement le désir d'être à l'heure et de rencontrer notre ami. L'image du sentiment comblé pris alors l'apparence
d'un arc-en-ciel au-dessus du désert. Immédiatement, j'ai commencé
à me sentir mieux et à la fin du processus d'imagerie, j'avais retrouvé
mon énergie.

Le long de la route, un panneau indiquait qu'il restait cinquante
kilomètres à parcourir et je me suis rendu compte qu'il ne restait que
cinq minutes avant notre rendez-vous. Il nous faudrait au moins trente
minutes pour y arriver ! En arrivant à Taos, j'ai regardé ma montre et
devinez ? Nous étions à l'heure... Impossible ! Marc est arrivé, roulant
depuis la direction opposée. Comme une seule route principale traver-
sait la ville, nous nous sommes aperçus en même temps.

J'en serais tombée à la renverse d'incrédulité si nous n'avions pas à l'instant échangé des embrassades devant la joie de ces retrouvailles. Comment était-ce possible ? Avais-je fait une erreur en regardant l'heure ? Le panneau indiquant cinquante kilomètres avait-il été déplacé ? Que diable se passait-il ?

En fait, tout voulait dire que nous pouvons créer des anomalies dans le temps et dans l'espace par le seul jeu de notre imagination. La vie est vraiment telle que nous la rêvons. Cela nous apparaissait de plus en plus clairement.

Chapitre 15

Pendant que nous parlions du temps et de nos expériences, je caressais délicatement la jambe de Don, assis à mes côtés dans l'avion. Nos regards se sont rencontrés et j'ai pu sentir notre moi intérieur s'ouvrir à l'autre. Comme si non seulement nos corps s'effleuraient, mais que nos âmes aussi se rejoignaient, se touchant et dansant ensemble. Avec un sourire, j'ai roulé ma tête sur son épaule et déposé un baiser dans son cou.

Ma main a retrouvé la sienne et, par elles, nous nous sommes livrés à un ballet amoureux. Don a pris l'initiative en séduisant mes doigts d'une manière très sensuelle, se rapprochant puis se retirant d'un geste taquin, faisant ainsi monter le désir en moi. Puis j'ai pris la relève et, en suivant ma vision intérieure, comme si je pouvais voir nos âmes se toucher et s'entrelacer toujours plus intimement, j'ai guidé nos mains vers une eurythmie et une communion sensuelles croissantes. Mes doigts suivaient le contour des siens, évoquant une autre sorte de danse à deux. Nous respirions en harmonie, nos visages près l'un de l'autre. Notre respiration nous révélait notre état d'être mieux que toute parole.

Les changements subtils de notre respiration se mariaient avec le mouvement des couleurs qui circulaient de plus en plus vite entre nos champs auriques. Nous nagions dans une ronde joyeuse. Les jeux de l'amour s'expriment dans tant de dimensions possibles ! Quelquefois, nous nous assoyons simplement l'un face à l'autre et parcourons les délices de l'extase intérieurement, sans jamais bouger nos corps.

Contrairement aux dauphins, cependant, je me sentais gênée devant d'autres personnes, du moins dans la vie réelle. Les dauphins ne créent pas de murs derrière lesquels se cacher ; ils partagent leur sensualité ouvertement, devant tous. Ce qui les différencie des autres animaux, c'est qu'ils semblent avoir des échanges sexuels pour le seul plaisir, comme les humains, et qu'ils ne s'accouplent pas seulement quand ils sont en rut.

Comme Don et moi en étions naturellement à un point d'arrêt dans notre danse, nous nous sommes caressé la main et le visage. Nos cœurs et nos corps irradiaient.

Bientôt nous atterririons à Hawaii, permettant ainsi à notre rêve de se réaliser. Ma pensée se projetait vers les semaines à venir. Nous ferions du camping, exposés aux éléments. Kauai est connue comme l'île-jardin en raison de sa végétation tropicale luxuriante et de sa riche beauté naturelle. Nous n'avions aucune idée de l'endroit où nous rencontrerions des dauphins ni du moment, mais qu'importe, pourvu que nous les trouvions, car là résidait notre intérêt principal.

L'ouvrage que je lisais traitait de l'accouchement dans l'eau et, dans certains cas, de l'intervention des dauphins. Un médecin russe, Igor Tcharkovsky, a travaillé avec des femmes qui ont donné naissance à leur bébé dans la mer Noire, en présence de dauphins. Les enfants nés ainsi retournent chaque année à la mer Noire, ainsi que leurs dauphins, partageant un lien intuitif qui semble nourrir à la fois humains et dauphins.

Les résultats à long terme semblent indiquer que ces enfants bénéficient d'un système immunitaire plus résistant, qu'ils peuvent nager sous l'eau jusqu'à huit minutes, qu'ils possèdent des capacités intuitives plus développées, qu'ils sont moins irritables et généralement plus heureux.

L'idée d'une naissance dans l'eau, en état d'apesanteur, est tellement sensée ! Imaginez-vous en train de sortir d'un milieu liquide agréablement chaud pour pénétrer dans un autre, puis être lentement porté sur la poitrine chaude, nue et sensuelle de votre mère, allongée dans l'eau, qui vous accueille de ses tendres caresses. Quel début de vie !

J'étais grandement enthousiasmée par la lecture de ce livre au moment même où nous entamions notre voyage. Dans mon imagination, je me voyais faire l'amour avec Don dans l'océan avec des dauphins partout autour de nous.

J'étais prête à rencontrer des dauphins. Je n'avais aucune idée du cheminement que je devais accomplir avant un face-à-face avec eux. Ni guide ni navigateur n'allaient nous les présenter et il nous fallait d'abord les trouver.

« Mesdames et messieurs, a dit le commandant en me tirant de ma rêverie, nous avons entamé notre descente vers l'aéroport d'Honolulu et nous atterrirons dans vingt minutes. » Il a poursuivi en décrivant certains des endroits que nous survolions et nous remercia d'avoir choisi de voler avec leur ligne aérienne. Nous avions changé d'univers au début de notre vol, ou peut-être avions-nous rêvé de nouveau la toile de la réalité dans laquelle nous nous déplacions. Nous étions heureux de ne pas devoir passer la nuit à Honolulu.

Tout est relié dans la vie. L'imagerie détient une clé essentielle pour créer le genre de vie que nous souhaitons vivre. Très souvent, nos croyances subconscientes limitent la vie que nous pourrions avoir. Les miracles se déroulent toujours en équilibre et en harmonie avec nos systèmes de croyances les plus intimes.

Après seulement une courte escale, nous nous envolions pour la dernière étape de notre voyage, un saut rapide entre Honolulu et Kauai. Don regardait par le hublot de notre petit appareil à hélices, contemplant le paysage plus bas. L'eau était d'un beau turquoise, et quand Kauai a pointé à l'horizon, nous avons été émerveillés de découvrir au cœur de l'île une montagne ceinturée de nuages. À d'autres endroits, l'immense étendue de verdure apparaissait sous quelques nuages dispersés.

Après l'atterrissage, la musique hawaiienne a commencé à baigner l'atmosphère. « *Aloha* et bienvenue à Kauai, et *mahalo* d'avoir choisi de voler avec nous aujourd'hui sur ce vol vers le paradis », a annoncé l'agent de bord dans les haut-parleurs. Nous étions tout emballés.

Chapitre 16

En sortant de l'avion, l'air doux et tropical nous a accueillis. C'était en fin d'après-midi et le soleil disparaîtrait bientôt à l'horizon. Les palmiers ondulaient sous la brise légère, stimulant mes sens. C'était la première fois que nous mettions les pieds sur cette île, située au milieu de l'océan, où je pouvais y sentir un rythme différent animer la vie des gens d'ici.

Où allions-nous dormir ce soir, dans quelle direction irions-nous, qui allions-nous rencontrer ? Notre voyage s'annonçait telle une aventure. Nous n'étions certains que d'une chose : vouloir trouver des dauphins.

La première nuit a été si désagréable, que je voulais rentrer. Comme nous étions sur le point de nous endormir, le vent s'est levé et le toit de la tente s'est affaissé. Quand nous l'avons finalement reçu sur le nez et que la pluie s'est mise de la partie – ce qui arrive couramment à Kauai –, nous avons décidé d'aller dans la voiture où nous avons dormi tant bien que mal sur les banquettes. Lorsque la lumière du matin nous a réveillés, en même temps que les parfums tropicaux et les chants exotiques des oiseaux, nous avons oublié notre promesse de minuit de rentrer chez nous.

Il nous a fallu environ une semaine pour nous organiser et trouver les meilleures pistes de randonnée, le magasin d'aliments naturels et la baie où nageaient les poissons les plus colorés. Il fallait encore nous habituer à l'océan et je me suis exercée à nager avec un tuba en eau peu profonde. Don n'avait jamais fait de plongée libre et le simple fait de mettre sa tête sous l'eau était pour lui un événement. Sur la plage de Poipu, nous avons découvert la joie de l'apesanteur et avons observé les poissons en flottant paresseusement sur l'eau. Nous avons abandonné toute tentative de nous tenir dans l'eau. Nos bras et nos jambes détendus pendaient librement, totalement relâchés, et nous flottions, émerveillés par les jeux de lumière que le soleil reflétait sur le sable.

Nous étions suspendus, immobiles dans l'eau, comme si nous flottions dans un caisson étanche. Puisque je n'avais pas à porter attention à mon corps et que la pesanteur ne me tirait pas, j'étais libre de me laisser fasciner par les motifs que dessinait la lumière tandis que mon corps, lui, se faisait bercer par les vagues. Ici, dans cette partie peu profonde, je me sentais relativement en sécurité, et tout le reste s'évanouissait. Derrière moi, j'avais laissé toutes mes pensées, distractions physiques, émotions et inquiétudes, seuls les flots de lumière captaient mon attention. Un profond sentiment de bien-être envahissait mon corps et je commençais à me lier d'amitié avec l'océan.

L'eau n'avait jamais été pour moi un habitacle naturel, et il m'avait toujours fallu un peu d'encouragement avant de m'y plonger. Ce n'était sans doute pas le meilleur sentiment à entretenir si je voulais rencontrer des dauphins. Je ne le savais pas à l'époque, mais avant de pouvoir nager avec eux, il me faudrait surmonter un certain nombre de peurs et venir à bout d'appréhensions profondément enracinées. L'une d'elles était la peur de la haute mer.

J'ai envoyé un message aux dauphins dans le monde sous-marin : « Mes amis, je viens avec Amour et avec le désir d'être avec vous. Acceptez-vous de venir me rencontrer ? »

J'étais convaincue que l'eau leur porterait mon intention. Dans mon imagination, je voyais les dauphins quelque part recevoir mon message et moi, ici dans l'eau, qui venait de leur transmettre ma demande. Je ne savais guère qu'en imaginant continuellement mon désir, je maintenais la distance entre nous.

Nous étions venus à Kauai afin de découvrir la magie des dauphins, mais jusqu'ici, nous n'en avions encore vu aucun. Nous avions entendu dire qu'ils venaient souvent à la rencontre des bateaux en jouant dans la vague de proue, mais comme nous voulions *nager avec eux* ou, du moins, *près d'eux*, nous n'avions pas choisi d'excursion en bateau.

Puis, un jour, nous avons fait la connaissance d'insulaires très gentils qui nous ont indiqué une grotte magique, près de l'océan, où nous pourrions camper la nuit, en nous demandant de ne le dire à personne d'autre. Afin d'atteindre cet endroit, nous avons dû traverser des champs de canne à sucre en automobile en empruntant une petite route de terre, aller au bout de ce chemin, trouver le sentier qui longeait l'océan et, enfin, traverser une petite rivière qui remontait vers l'intérieur des terres. Le lendemain après-midi, nous étions donc en route vers ce lieu magique. En suivant la rivière dans la direction des terres et en marchant dans la végétation, nous sommes soudain arrivés devant l'ouverture d'une grotte. Juste devant nous, s'ouvrait l'entrée sombre du tunnel menant à cette grotte.

Nous courbant, nous avons pénétré petit à petit dans le tunnel. L'obscurité nous semblait funeste, et la senteur d'humidité et de moisissures qui se dégageait des murs me donnait la chair de poule. Je n'aimais pas l'obscurité et mon imagination devenait très fertile dans ce terrain où régnait la noirceur. Finalement, devant nous, un filet de lumière entrait discrètement par une ouverture. Le tunnel débouchait sur une grotte ayant un peu l'allure d'un amphithéâtre nous encerclant et s'ouvrant sur le ciel. Un majestueux banian se dressait au milieu et on entendait le chant des coqs sauvages perchés sur ses branches.

C'est ici que les Hawaiiens s'étaient cachés de leurs ennemis dans un passé lointain. L'histoire ancienne se percevait encore sur ces murs, qui avaient servi de protection naturelle. Le coucher du soleil s'annonçait et nous disposions de peu de temps pour explorer l'intérieur de la grotte. Vers le fond, on discernait une ouverture qui menait au-delà de ce qui semblait être un autel dans la profondeur des cavernes. Ça me semblait bien sinistre.

Comme nous devions encore monter notre tente avant la tombée du jour, nous avons abandonné l'idée d'explorer davantage. Dans la lueur crépusculaire, nous avons mangé quelques *tamales* froides et nous nous sommes glissés sous notre abri. Aussi remarquable que pouvait être cet endroit durant la journée, la perspective d'y passer seuls la nuit ne m'enchantait guère. Au milieu d'autres tentes sur des terrains de camping, je m'étais sentie en sécurité, mais à mesure que le ciel s'obscurcissait, notre tente s'avérait ici un refuge bien isolé.

Blottis l'un contre l'autre, nous étions allongés dans la tente et partagions nos impressions et nos sentiments sur cet endroit. De temps en temps, nous devenions silencieux et écoutions les cigales striduler dans les arbres plongés dans l'obscurité.

Soudain, j'ai entendu des pas : clic, clac, clic, clac. Mon cœur a bondi dans ma poitrine. Je ne savais pas que les anges faisaient du bruit en marchant ! Voilà que le bruit revenait : flic, flac. Tout tournoyait dans ma tête. « Calme-toi, Ilona, me suis-je dit, tu dois maîtriser un peu plus tes émotions. »

J'ai essayé de me calmer, mais je sentais toujours mon cœur battre à tout rompre. Il ne se passait vraiment rien, sinon une traînée de sons qui partait du toit, longeait un côté et passait devant la tente.

Un sentiment d'anxiété entraînait mon imagination au galop et l'idée bizarre m'est venue cette nuit-là que nous allions être kidnappés par un vaisseau spatial. Quelque chose dans l'air me laissait croire que nous allions voir une apparition et, dans l'expectative, je me suis blottie plus près de Don. J'aimais la sensation de son corps contre le mien. Mes jambes enroulées autour des siennes, il me tenait dans ses bras et j'étais submergée par de chauds sentiments.

Bien que Don se soit facilement envolé vers le pays des rêves, je suis restée sur le qui-vive un bon moment. Une fois endormie, j'ai fait un rêve très impressionnant.

J'étais sur une plage sablonneuse par une belle journée ensoleillée, debout, nue, dans le soleil. Comme je montais sur une grosse roche immergeant de l'eau, les vagues commencèrent à lécher mes pieds et je pouvais sentir l'énergie du soleil rayonnant à travers mon corps. Tout à coup, un dauphin s'est avancé vers moi. À ce point, je ne peux dire si je flottais debout ou si j'étais encore posée sur la roche, mais mes pieds baignaient dans l'eau quand le dauphin est arrivé et a touché l'orteil de mon pied gauche avec son museau.

Dès qu'il m'a eu touché l'orteil, un rayon d'énergie est monté en flèche le long de ma jambe jusqu'à ma colonne vertébrale, pour jaillir au sommet de ma tête. J'étais électrifiée, stupéfaite. Un son assourdissant a explosé en moi, me remplissant d'une intense lumière. Cet éclatant rayon de lumière m'a propulsée dans une autre dimension pour un bref instant et a inondé tout mon système d'information plus vite qu'aucune pensée n'aurait pu le faire. Chargée de cette intense lumière, je me suis réveillée en sursaut.

Ce rêve était si intense qu'il avait l'apparence d'une initiation. Le dauphin de mon rêve savait ce qu'il faisait. Bien réveillée maintenant, je suis demeurée allongée, respirant profondément, sentant que ce rêve faisait partie de l'appel des dauphins. Peut-être m'était-il difficile de les trouver dans le monde extérieur, mais, intérieurement, les dauphins me laissaient indubitablement savoir qu'ils pouvaient me trouver !

Le lendemain matin, j'ai raconté mon rêve à Don. L'ambiance dans cette sorte d'amphithéâtre invitait presque au sacré. Nous étions tous les deux touchés par ce rêve. Les mondes intérieurs et extérieurs se mariaient de plus en plus. Même si cette expérience n'était qu'un rêve, les impressions qu'elle laissait en nous étaient parfaitement réelles.

Nous étions encore allongés dans la brume matinale quand j'ai entendu le même bruit que la veille : clic, clac. D'un bond, nous nous sommes assis et avons jeté un regard furtif par le rabat de la tente. Une file de grenouilles affairées retournaient par le chemin emprunté la veille. Maintenant, dans l'aube lumineuse, les bruits n'étaient plus menaçants. Au contraire, ils annonçaient l'arrivée du nouveau jour qui nous attendait.

Chapitre 17

Il faisait bon se réveiller si près du sol. Le chant des oiseaux et l'odeur de la terre humide éveillaient en moi une impression de magie.

Alors que nous méditions ensemble dans la lumière de l'aurore, je remerciais les dauphins d'être venus me rencontrer dans mes rêves. Intérieurement, je me sentais complètement régénérée et restructurée, et tout cela ne s'était pas produit dans l'eau, mais sur la terre, dans le monde du rêve !

Notre première semaine se terminait par un rêve fabuleux et j'étais remplie de reconnaissance. Nager avec les dauphins serait-il aussi enivrant que mon rêve ? Pour l'instant, je me contentais d'avoir eu des signes qu'un lien s'établissait avec eux. Les jours s'écoulaient et la beauté de la nature nous comblait. Nous aimions être exposés aux éléments, mais les personnes nourrissant les mêmes idéaux commençaient à me manquer.

Ce matin-là, au cours de ma méditation, je ressentais le besoin d'échanges plus profonds. Respirant doucement, j'ai commencé à m'élever de plus en plus haut par le biais de l'imagination, au-dessus de l'île. Flottant ainsi, je sentais la lumière me remplir graduellement, comme si je me fondais dans les nuages. Dans cet état intérieur, j'ai demandé s'il existait sur cette île un être lumineux dont la rencontre nous serait bénéfique. Scrutant l'île dans ma vision intérieure, j'ai vu une brillante lumière irradier sur le versant est de la montagne centrale, non loin de la petite ville de Kapaa. Mon esprit se réjouissait de la lumière de cet être tandis que nous établissions un lien dans une dimension qui dépassait les limites du temps et de l'espace. Sur ce plan, nous avons créé une rencontre aussi réelle que si elle s'était tenue dans le plan physique.

L'idée de rencontrer un être de lumière était prometteuse, et j'ai raconté à Don ma vision intérieure. Après avoir roulé la tente, nous avons fait nos adieux au banian et avons remercié la grotte pour sa protection nocturne. Peu après, nous avons repris notre chemin, longeant la rivière et la traversant à son embouchure. Après cette nuit étonnante, nous espérions voir bientôt des dauphins dans le plan physique.

Sur le chemin de Kapaa, nous nous sommes arrêtés à une petite agglomération formée de vieilles bâtisses délabrées en retrait de la route qui se sont révélées être des échoppes et des galeries d'art de style non traditionnel. En flânant, je me suis retrouvée dans une librairie où j'ai découvert un livre intitulé *Call of the Dolphins*, de Lana Miller. J'étais enchantée et j'éprouvais la certitude que l'univers des dauphins s'ouvrait à moi.

Pendant que Don conduisait, j'ai commencé à lire l'ouvrage à voix haute, et nous sommes arrivés à Kapaa plus rapidement que je ne l'avais prévu. Sur la route principale, nous avons découvert un joli restaurant du nom de Gecko's. Nous sommes entrés et nous nous sommes installés confortablement dans un coin. Le soleil de fin d'après-midi filtrait à travers les fenêtres et nous lisions notre nouvelle acquisition tout en grignotant de délicieuses friandises.

Soudain, mon regard a croisé les yeux bleus brillants d'un homme blond dans la trentaine qui nous observait. Il cherchait à déchiffrer le titre de notre livre et, quand il y est parvenu, il s'est avancé vers nous. Ses cheveux blonds et ses yeux bleus lui conféraient un air plutôt angélique.

« Vous vous intéressez aux dauphins ? » a-t-il demandé d'une voix chaleureuse. Ce n'était pas peu dire !

« Oui, beaucoup, en fait », ai-je répondu, sentant la lumière qui émanait de son cœur.

Il me rappelait vaguement un guide intérieur, Go Pal Las, avec qui je travaillais depuis quelques années. Il m'était apparu une fois en rêve, comme mon mentor intérieur, avec des yeux bleus brillants, des cheveux blonds et un cœur débordant d'amour.

« Je m'appelle Paul », a-t-il ajouté en se présentant. J'ai souri et, en le regardant, je pouvais sentir le guide intérieur avec qui je travaillais et l'être extérieur nommé Paul se superposer. Mon cœur s'est ouvert et j'ai ressenti une certaine inquiétude s'éveiller en moi. Des sentiments d'une telle intensité pouvaient mener plus loin que l'attirance, et je me devais de rester alerte.

Don s'est aussi immédiatement pris d'amitié pour Paul, et nous nous sommes tous engagés dans une conversation sur les dauphins. Il nous a parlé d'un endroit où il avait nagé avec eux et où nous pourrions peut-être en faire autant. Il nous a mentionné une plage secrète fréquentée par des dauphins.

« Je peux vous y mener et nous pourrions passer un après-midi ensemble », a-t-il suggéré.

« Quelle suggestion fantastique, me suis-je dit. Justement le genre de vacances que nous espérions : rencontrer des personnes intelligentes qui nous accompagneraient dans des endroits retirés, loin des touristes ! » Nous avons convenu de nous retrouver le lendemain matin.

« La rencontre de cet être résultait-elle de la demande intérieure que j'avais faite durant ma méditation matinale ? » Cet homme dégageait assurément la même luminosité que celle que j'avais perçue. Je m'émerveillais de l'ordre supérieur qui régissait une telle coordination. Si je n'avais pas ressenti la connexion intime entre les deux faits, j'aurais aisément pu croire que la rencontre de Paul cet après-midi-là relevait tout au plus d'une coïncidence ou peut-être du destin. Beaucoup de dimensions sont mises en œuvre afin de créer des résultats finaux dans le monde tridimensionnel et la majeure partie du travail intérieur reste voilée.

Le lendemain matin, nous avons rencontré Paul et quelques-uns de ses amis, dont deux femmes et un homme. Nous sommes finalement parvenus à la plage secrète, mais au prix de quel effort ! Il nous a presque fallu glisser le long d'une falaise avant d'arriver à une forêt, près de l'embouchure d'une rivière d'eau douce. Le bleu miroitant de l'océan a remplacé le vert intense des arbres, mais il nous a fallu encore quarante-cinq minutes de marche le long de la plage avant de pouvoir étendre nos couvertures sur le fin sable blanc. C'était une plage libre, les vêtements n'étaient pas requis, et c'était merveilleux de se sentir nu.

Une fois notre petit groupe installé et que tous se sont présentés, j'ai proposé un jeu. Nous nous assoirions en cercle et calmerions notre pensée en sentant doucement notre corps reposer sur le sable. Puis, jouissant du soleil qui brillait à travers les branches des palmiers et écoutant le vent qui bruissait dans les feuilles, nous irions lentement dans un endroit beau et paisible… Je m'y sentais déjà. Le lieu où je trouvais la paix dans mon imagination ressemblait beaucoup à celui où nous étions – une plage blanche dans un lieu paradisiaque, avec une brise légère et du soleil, des vagues clapotant sur la rive et des palmiers se balançant juste au-dessus…

J'ai poursuivi d'une voix douce : « Et, au loin, vous remarquez une être lumineux qui s'avance vers vous… un être irradiant ! Au fur et à mesure que cet être s'approche de vous… vous réalisez que c'est vous, pleinement accompli, dans l'expression la plus élevée de qui vous êtes réellement. »

Je sentais l'effet de notre imagination. Des vagues de révérence montaient en moi… « Quelles qualités votre être parfait possède-t-il ? Prenez note de trois de ces qualités, ai-je continué. »

J'ai vu une sagesse et un amour immenses émaner de mon être en puissance, un ange céleste.

« Ensuite, appelez-vous par votre propre nom et, ce faisant, glissez-vous à l'intérieur de cet être, votre Moi véritable. Éprouvez la sensation d'être pleinement réalisé… Sentez votre vraie nature profonde emplir vos cellules, vous submerger d'information, de lumière et d'amour… et, en faisant cet exercice, imaginez la personne assise en face de vous manifestant aussi son être pleinement accompli… Quelles couleurs voyez-vous en elle ? Quelles qualités remarquez-vous chez elle ? »

Étant donné que, dans le cercle, Paul me faisait face, j'ai choisi de le voir, lui, dans toute sa plénitude. Sa transfiguration me l'a présenté comme mon guide intérieur, Go Pal Das. Un amour croissant émanait de lui, qui irradiait au-delà des mots. Une lumière d'or bleutée se dégageait de lui et, dans un geste d'accueil, il m'a invitée à le rejoindre dans mon corps intérieur de lumière. Nous avons commencé à monter en spirale, comme si nous traversions des couches et des couches de lumière, des niveaux de conscience.

À chaque couche de lumière, nous devenions de plus en plus chargés de lumière. Nous avons continué à filer ainsi à travers tout le réseau d'espace intérieur, nous fusionnant graduellement jusqu'à ce que nous soyons devenus un. Plus nos champs d'énergie s'unissaient profondément, plus je sentais un amour immense me pénétrer. Nous avons traversé une dernière couche de fusion, au-delà de laquelle je ne pouvais plus nous distinguer l'un de l'autre. Nous étions devenus une fontaine de lumière extatique.

Je sentais que je m'étais fondue en Dieu et que je livrais tout mon amour à Celui-qui-est-tout, m'abandonnant et laissant cette Union intime traverser l'immensité de l'univers. Je me sentais Une avec Dieu, la source de Tout-ce-qui-est.

Mon être était pénétré d'information, et c'était comme si, par cet abandon volontaire, je pouvais transcender n'importe quelles limites antérieures et nourrir mon âme d'un nouveau degré de connaissance. Je ne me sentais plus moi-même et, en même temps, j'étais consciente que mon être pourrait retrouver l'identité de son moi quand il le faudrait. C'est notre volonté à lâcher prise par rapport à la conscience que nous avons du moi qui nous permet de devenir davantage ce que nous sommes véritablement.

Alors, une image-message de la part de Paul m'est venue : « Laisse cette énergie revenir et toucher la plante de tes pieds, comme une fontaine qui coule sur elle-même, ravivée par la mémoire de Dieu, de l'Amour et de l'Unité. »

Des larmes perlaient sur mes joues et mon cœur voulait exploser. Un sentiment d'extase remplissait l'espace et le temps tels que je les connaissais, et le Ciel m'entourait de toute part. « Laisse cet amour embrasser la terre, vois-le jaillir et déborder comme la fontaine en toi. Que notre amour nourrisse tout ce que tu rejoins, a continué la voix. Et une chose encore ! Rappelle-toi que tu es en présence d'un état intérieur. Souviens-toi de ne pas rattacher cette fusion et cet amour à ma personnalité, à mon corps. Tu peux atteindre cet état avec n'importe qui, pourvu qu'il soit prêt à fondre son âme en Dieu. Je suis l'être intérieur que tu es venue à connaître et à aimer. *Ta mission est de vivre le Ciel sur la Terre*. Cela inspirera tous ceux autour de toi qui désirent vivre le Ciel maintenant… »

Sentant la joie rayonner dans toutes mes cellules, je suis revenue lentement dans mon corps. Quel voyage ! Don et moi, nous nous fusionnons ainsi dans l'Unité aussi souvent qu'il nous est donné d'élever suffisamment nos vibrations, et je considère cette fusion comme la base de notre relation extatique. J'avais eu la joie de vivre ici une expérience complète avec un autre être que je sentais connaître intérieurement depuis très longtemps.

Comme nous ouvrions tous les yeux, je pouvais encore garder en moi la vision du champ de lumière qui entourait Paul. Nous avons partagé à tour de rôle ce que chacun avait vécu et, sans tarder, nous avons commencé à nous voir mutuellement avec un regard différent. Don resplendissait d'amour, et des étincelles jaillissaient de ses yeux bleus et de son être entier. Je me sentais si ouverte à Don ; je savais que la terre fertile de notre relation était enrichie par notre amour et notre abandon à l'Esprit et que, dans cette terre prospère, nous pouvions apprendre et grandir.

J'étais curieuse de savoir ce que Paul avait vécu. Son voyage ressemblait de près au mien et il l'a partagé ouvertement avec le groupe. Puisqu'il avait été comblé d'une telle énergie universelle, cette expérience n'apparaissait pas exclusive. Elle servait plutôt d'inspiration à chacun de nous pour comprendre que les frontières de nos expériences possibles étaient beaucoup plus fluides que nous le croyions souvent.

Chacun était étonné d'avoir reçu autant d'informations sur les autres en si peu de temps, comme si nous étions tous des clairvoyants accomplis. En nous voyant pleinement épanouis dans notre imagination, nous avions également capté quantité d'autres détails les uns sur les autres.

Toute connaissance dans l'univers devient accessible quand nous communions et, d'une certaine façon, entrons en consonance avec elle. Par le biais de l'imagerie, nous créons un pont, une porte d'accès, et partageons le même espace avec ce que nous regardons ou demandons.

La lumière qui se dégageait de notre petit groupe portait vraiment à croire que nous étions sur une île du paradis. Nous avons cherché des dauphins toute la journée, mais comme aucun ne s'est présenté, nous avons alors simplement joué dans les vagues de l'océan.

À un moment donné, nous nous sommes retrouvés seuls, Don et moi, étendus sous les arbres. Don me massait les pieds et j'aimais sentir le vent flatter ma peau nue. Nous parlions de cette lumière de l'au-delà que chacun avait revêtue, de l'amour dans les dimensions subtiles et du mystère de la fusion. La fusion amoureuse de nos âmes semblait si pleine de joie et de sentiments d'extase qu'elle pouvait aussi stimuler notre désir d'union sexuelle.

Pourtant, quand ce désir s'accomplit en dehors d'une relation monogame, il peut facilement devenir un combat où l'enjeu se ramène au choix d'un être au détriment d'un autre et, de ce fait, anéantir la confiance et l'intimité qu'un couple a mis longtemps à établir. Le défi consiste alors à prendre conscience du désir naturel de l'union qui cherche à s'exprimer sur tous les plans, du spirituel au sexuel, en ayant la maturité d'accepter nos limites humaines et la nature innée de la réalité, de savoir que nous sommes séparés tout en désirant l'unité.

Dans les dimensions subtiles, cette attraction est naturelle car l'univers est basé sur une énergie d'Amour et d'Union qui inclut tout et qui assure la cohésion de ce tout. Sans elle, la création entière se désagrégerait. Cependant, notre être personnel, tridimensionnel vit dans une double réalité, dans un monde où la séparation existe. D'une part, il y a l'expérience extatique de l'Unité ; d'autre part, il y a le désir de rester une identité séparée qui s'exprime individuellement par le biais du moi ou, collectivement, par une relation, une famille ou une nation.

Tenter de réconcilier les limites d'une forme tridimensionnelle avec une âme infinie représente un défi, un paradoxe à accepter pleinement.

Chapitre 18

Plus tard, au cours de la journée, Don et moi sommes retournés à notre terrain de camping. Nous planions encore après avoir perçu la véritable beauté de notre être et celle des autres et, dans cet état, nous avons commencé à préparer notre repas du soir. Plusieurs campeurs étaient présents ce soir-là, et on entendait le bruit des casseroles, le rire des enfants et la gaieté des familles qui partageaient un repas. Nous avions l'impression de nous retrouver au cœur d'une vie tribale.

La plupart des gens avaient passé la journée en plein air, et je me demandais si, en soi, cela changeait les gens. Dans quelle mesure le fait de vivre exposés aux éléments, avec le cosmos au-dessus de nos têtes, transformait-il notre esprit ? Pour ma part, je sais qu'après seulement quelques jours de randonnée, mes yeux dégagent quelque chose de beaucoup plus farouche, de plus vivant. Et quand je retourne à la « civilisation », la vue des feux de circulation et des gratte-ciel me fait hurler.

Durant la soirée, des gens se sont regroupés pour jouer de la guitare et chanter. Don et moi sommes allés marcher sur la plage, sous les étoiles, nous arrêtant ici et là pour écouter la vie. À la lueur du feu de camp, les regards brillaient et nous nous sentions à l'aise de vivre ainsi, de façon non conventionnelle.

Puis, vint le temps de s'installer sous la tente et de se blottir l'un contre l'autre. Je songeais à quel point nous voulions rencontrer des dauphins et que, jusqu'ici, nous n'y étions pas parvenus. Pourquoi était-ce si difficile ? Est-ce que la densité de nos vibrations était telle qu'aucun dauphin ne voulait s'approcher de nous ? Avions-nous choisi la mauvaise île ou un moment inopportun ? Qu'est-ce qui n'allait pas ? Comme je me posais ces questions, une idée m'est tout à coup venue. Et si je parlais intérieurement aux dauphins, qui doivent certainement nager dans les environs de notre tente ? Comme nous étions en ligne avec le rivage de la plage secrète, peut-être pourrais-je projeter mes pensées dans l'eau ?

Je me suis donc assise afin de mieux me concentrer et j'ai projeté ma pensée vers un point lumineux. Tous les bruits des alentours se sont évanouis lentement et des impressions du milieu aquatique ont commencé à tourbillonner autour de moi. Dans ce monde vivaient ces êtres majestueux, un monde vibrant dans lequel régnait presque l'apesanteur, où les sons voyageaient beaucoup plus vite que dans l'air et où la vision n'avait vraiment pas la priorité.

Dans ma pensée, j'ai rejoint le banc de dauphins tels que je les imaginais. « Dans le doute, inventez !» me suis-je souvenue. Dans mon œil intérieur, je « voyais » le banc de dauphins qui nageaient ensemble. Pourtant, c'était comme si je ne faisais que les observer. « Peut-être ont-ils un chef ! » ai-je murmuré. Dans mon imagination, j'ai envoyé mes salutations d'amour à cet être. Eh bien, oui ! Il semblait que mes salutations avaient rejoint quelqu'un. C'était un être âgé, fort, et ayant un esprit plus vif que la plupart des autres membres du clan, du moins d'après la perception que j'en avais.

« Je suis celui qui fait figure d'autorité, si l'on peut dire, et je représente notre clan », ai-je entendu. Je me suis sentie tout émerveillée. Cet être m'avait vraiment répondu, en tout cas dans mes pensées, et j'apprenais maintenant que mon imagination était souvent plus proche de la réalité que je n'aurais osé le croire. J'envoyai l'image-message à l'effet que je désirais rencontrer les dauphins aussitôt que possible et, bien sûr, quand cela leur conviendrait. À ce point, j'ai senti une réponse instantanée de la part du chef des dauphins. Il se sentait en affinité avec nous et aimerait nous rencontrer, mais il désirait d'abord vérifier auprès des autres.

C'était comme si j'observais cette scène de près. La nouvelle que Don et moi désirions rencontrer le banc de dauphins s'est répandue parmi eux. Certains demeuraient méfiants, d'autres indifférents, et certains autres, très réceptifs à l'idée. Finalement, ils en sont arrivés à un consensus : « Venez à notre rencontre demain matin, à huit heures quarante-cinq, à la plage secrète ; nous y serons », m'a communiqué le chef des dauphins, en terminant la conversation.

« Message reçu, terminé ! » Voilà ce que je m'attendais presque à entendre intérieurement, me retrouvant encore assise sous la tente et me demandant si ce qui venait tout juste de se passer tenait du réel ou non. « Eh bien ! je ferais mieux d'avertir Don de notre premier rendez-vous officiel avec les dauphins », me suis-je dit en moi-même, toute joyeuse. Un rendez-vous virtuel. Heureusement que c'était avec des dauphins ! Si j'avais imaginé un être humain à l'autre bout de cette imagerie, je n'aurais peut-être pas pris mon expérience avec autant de sérieux. D'une certaine façon, j'avais davantage confiance au pouvoir télépathique des dauphins.

Juste au moment où je racontais à Don mon interlude interne et me pelotonnais contre lui sous les couvertures chaudes et contre le sol dur, j'ai entendu les premières gouttes de pluie tomber sur la tente. Heureusement, nous avions collé notre tente à un arbre et éviterions ainsi d'être mouillés durant la nuit. « Ah non ! maugréa Don, les dauphins détestent les eaux troubles, et j'ai entendu dire que les eaux qui s'écoulent des montagnes troublent l'océan après la pluie. Ce n'est certainement pas le meilleur moment pour les voir ! »

Mais j'avais pris un engagement avec eux et, d'ici là, il ne nous restait plus qu'à dormir. « En plus, nous n'avons pas de réveille-matin ! » ai-je soupiré. Quelle déprime, après une méditation si inspirante ! J'espérais que nous allions nous réveiller de très bonne heure le lendemain.

La pluie a retourné chacun sous sa tente et, sur le terrain, le bruit s'est estompé. Bientôt, nous nous sommes endormis.

Chapitre 19

Le lendemain matin, le tapage nous a réveillés. Les enfants criaient et les parents s'affairaient au petit déjeuner. La pluie avait cessé et le soleil perçait à travers le brouillard matinal. Comme nous n'avions aucune idée de l'heure, nous nous sommes levés sans perdre de temps et nous avons préparé notre petit déjeuner, qui consistait en un bol de flocons d'avoine, du jus de goyave et une papaye. Ensuite, nous avons refait nos bagages et tout rangé dans la voiture de location. Le cadran de la voiture indiquait sept heures trente, ce qui nous laissait juste assez de temps pour nous rendre à notre rendez-vous avec les dauphins.

Silencieusement, nous nous sommes dirigés vers la plage secrète, en prenant soin d'apporter dans nos sacs palmes, tuba, masque, serviette de plage et nourriture. Une fois à la plage, il nous fallait encore compter quarante-cinq minutes de marche avant d'atteindre le point précis indiqué par les dauphins au cours de ma méditation. « Pas si facile », ai-je pensé.

D'un pas rapide, nous marchions dans le sable, jouissant du clapotis des vagues. Après une demi-heure, notre attirail devint lourd, d'autant plus qu'à chaque pas, nous nous enfoncions dans le fin sable blanc. Notre regard scrutait l'océan dans l'espoir d'y voir des dauphins, mais nul n'apparaissait à l'horizon.

Puis, nous sommes enfin arrivés à l'endroit en question et avons déposé nos affaires. « Tout cela en valait-il la peine ? » me suis-je demandé. Nous faisions réellement de notre mieux pour établir le contact avec les dauphins. Le savaient-ils ? Soudain, quelqu'un a pointé du doigt devant nous, dans la direction des vagues. « Voyez-vous les nageoires dorsales ? » a-t-il questionné, montrant une chose qui demeurait encore invisible à mes yeux. « Je vois quelque chose, s'est exclamé Don, tout enthousiasmé. Quelque chose qui se perd dans les vagues, qui ressemble à de petits points noirs ; on peut à peine les voir dans les vagues. Oui, regardez là, il y en a tout un groupe ! »

J'étais excitée ! J'ai vite couru vers un homme qui portait une montre et lui ai demandé : « Excusez-moi ! Quelle heure est-il ? » « Huit heures quarante-cinq », a-t-il répondu, étonné que je me préoccupe de l'heure dans ce paradis tropical. Je suis retournée vers Don pour lui dire : « Tu vois ! Ils sont venus au rendez-vous. »

Nous sautions de joie. Quelle merveille ! Heureusement, j'avais fait confiance à mon imagerie intérieure. Les dauphins et moi avions peut-être vraiment communiqué... même si je me sentais un peu ridicule.

Nous étions en train d'enfiler rapidement notre équipement lorsque nous avons remarqué que les dauphins sortaient de la baie, reprenant la direction du large. « Que font-ils ? ai-je songé. Sont-ils juste venus nous dire : "Oui, nous avons tenu notre promesse et maintenant au revoir" ? »

Ce n'était pas du tout le genre de rendez-vous que j'avais espéré. En réexaminant ma vision intérieure avec eux, je me suis souvenue qu'il y avait eu un peu d'hésitation à obtenir un consensus de la part de tous les membres du groupe. En effet, l'entente portait sur un rendez-vous à une heure spécifique, ce qui ne laissait pas supposer qu'il se tiendrait dans l'eau. Je n'avais pas envoyé l'image d'être face à face avec eux, même si, dans mon esprit, le désir parlait de lui-même.

L'océan, sans dauphins, ne m'attirait guère. En fait, je craignais un peu la profondeur, les vagues et le tumulte de l'océan.

Comme je songeais à mes sentiments ambivalents ayant trait à l'eau, j'ai entendu les propos de quelqu'un à l'effet que les dauphins revenaient habituellement après quelques heures. Espérant que tel serait le cas, nous nous sommes installés près des palmiers dans le but de nous détendre sur la plage. J'adorais m'étendre sur le sable, regarder le ciel et observer les palmiers ondoyer dans le vent. Cela me remplissait d'un sentiment d'admiration et de grandeur envers la nature et la création de Dieu.

En fait, c'était bien que nous puissions nous apaiser et nous ouvrir aux rythmes et à la beauté des vagues et de la nature autour de nous. Nos soucis quotidiens s'envolaient avec chaque respiration dans ce paradis tropical.

Quelques heures se sont ainsi écoulées. Puis, dès que nous avons aperçu le premier groupe de nageoires dans les vagues, nous nous sommes levés d'un bond. Oui, l'homme avait raison, les dauphins revenaient…

Maintenant, je comprenais la raison de leur départ soudain, après seulement cinq minutes à la plage, ce matin. S'ils étaient restés dans la baie, j'aurais pu arriver en retard à notre rendez-vous sans avoir jamais remarqué la différence. Mais comme ils étaient arrivés à huit heures quarante-cinq et repartis à huit heures cinquante, cela confirmait le fait que j'avais bel et bien entendu les dauphins. Ils avaient tenu leur engagement !

Tout excités, nous avons pris palmes, masque et tuba. Cette fois, ça y était ! Nous allions vivre notre première rencontre avec les dauphins ! J'en avais les mains et les jambes tremblotantes en essayant de me dépêcher. Don était plus rapide que moi et me devançait déjà. « Attends, lui ai-je dit, j'ai peur d'aller dans l'eau toute seule. »

Précédemment, nous avions fait de la plongée libre, mais seulement dans des étendues protégées, et certainement pas dans des eaux très profondes. Arrivés sur le bord de la mer, nous avons mis un peu de salive dans notre masque pour l'empêcher de s'embuer et l'avons rincé.

L'eau arrivait bientôt à la hauteur de mes cuisses, et elle était froide ! Mais les dauphins étaient là ! Les vagues n'étaient pas petites non plus, car la pluie et le vent de la veille avaient agité l'océan. En compagnie de quelques personnes qui nourrissaient le même désir de rencontrer des dauphins, nous avons finalement plongé.

Comme le banc de dauphins se déplaçait sans cesse, nous devions constamment le chercher. Les eaux devenaient graduellement plus profondes, et la hauteur des vagues devenait telle qu'elle ne nous permettait pas toujours de savoir où se dirigeaient les dauphins. Battant des pieds avec mes palmes, j'essayais tant bien que mal de nager dans la bonne direction, quand je me suis soudain sentie remplie d'une confiance profonde. J'ai cessé de nager pour essayer de les trouver et je me suis simplement laissée porter par les vagues. Chose étonnante, cela ne me dérangeait plus d'être ballottée ainsi en haute mer.

Ce sentiment d'être à l'aise dans l'eau faisait tellement contraste avec la façon dont je m'étais sentie précédemment que j'en étais vraiment étonnée. Je me sentais chez moi dans l'eau ! En remettant la tête sous l'eau, je n'ai pu voir très loin – pas plus d'une longueur de corps –, car l'eau était trouble, mais j'ai entendu le sonar des dauphins pour la première fois. Leurs appels étaient courts et aigus, parfois très rapprochés, comme des perles sur un fil. Quelques-uns me semblaient destinés et touchaient mon corps comme des bulles.

Les dauphins étaient là, ils nous entouraient, et même si je ne pouvais les voir, je me sentais au septième ciel ! Les ultrasons émis par leur sonar semblaient me rejoindre même si je ne pouvais confirmer visuellement leur présence. J'ai donc sorti ma tête de l'eau et j'ai vu, à environ cinq mètres, un jeune dauphin à long bec sauter et repiquer dans une gerbe d'écume. Quel spectacle ! Ils étaient sans doute quelque part autour de nous, mais nous n'arrivions pas à les voir.

Quant à eux, les dauphins parvenaient certainement à nous voir, intérieurement et extérieurement. On dit même qu'ils peuvent ressentir l'état émotif d'une personne grâce à leur sonar. Si ma méditation de la veille et les rêves que j'avais faits à leur sujet avaient une réalité quelconque, alors les dauphins nous connaissaient mieux que nous n'oserions le croire. Je me sentais chez moi !

Chapitre 20

Cette nuit-là, j'ai fait un autre rêve. Je nageais dans l'océan, près du rivage, et je flottais sur la surface des vagues quand un dauphin est venu à ma rencontre. Il s'est collé contre moi et je me suis sentie en sécurité tout près de lui. Comme j'aimais cette sensation ! Lorsqu'il me frôlait, je sentais l'aspect lisse de sa peau et j'avais l'impression d'avoir retrouvé un ami éternel. Tout à coup, j'ai remarqué que l'air autour de moi – l'eau, en fait – commençait à briller d'une lumière éclatante. Simultanément, je me suis sentie devenir plus ouverte... et mes sens sont devenus en éveil. À ce moment précis, un groupe de six ou sept dauphins m'entourait. Et comme ils formaient tous un cercle autour de moi, le premier dauphin m'a dit mentalement qu'ils allaient changer la structure vibratoire de mes cellules et que, de cette façon, mon être serait restructuré. Alors qu'il m'informait de leur intention, j'ai senti tous les dauphins m'encercler de plus près et m'envoyer des rayons de lumière et d'ultrasons au cœur même de mon essence profonde.

J'étais en pleine euphorie ! Leur intention de me restructurer était très nette, sans aucune arrière-pensée. Plus tard, à mon réveil, j'ai réfléchi à mon excursion nocturne et j'ai été convaincue de la réalité de mon expérience. Cette nuit-là, je crois que les dauphins se sont réellement manifestés dans la dimension de mon rêve afin de travailler avec moi. Je commençais lentement à saisir la possibilité que les dauphins soient des voyageurs interdimensionnels. Ce n'est donc pas étonnant qu'un si grand nombre d'artistes peignent les dauphins et les baleines nageant au milieu des étoiles des espaces sidéraux. Ils semblent se sentir chez eux tant dans l'eau, l'air et le vide que dans les dimensions de la rêverie, mettant chaque fois en œuvre différentes parties d'eux-mêmes.

Et s'ils avaient appris à accéder aux régions subtiles de l'existence beaucoup plus consciemment que les humains ? Peut-être le message transmis au sujet de notre rencontre à une heure précise était-il un rendez-vous au sens propre, comme de fixer un rendez-vous par téléphone le serait pour nous !

Si tel était le cas, il me fallait prendre les images qui se présentaient à mon esprit avec plus de sérieux. Toute imagerie négative pouvait aussi devenir une réalité palpable. Je réfléchissais à mes habitudes. Parfois, je laissais se dérouler dans ma pensée tout un scénario tragique, où je tenais le rôle principal d'une victime des plus pathétiques. J'ai dès lors décidé de veiller davantage à mes pensées. Une partie de moi, dans une forme légèrement plus subtile, apprécierait ne pas être la proie de mon imagerie négative.

Comme s'il voulait confirmer ma nouvelle compréhension, mon ami le dauphin m'a amenée à ressentir sa présence. « C'est vrai, a-t-il affirmé, nous avons développé des capacités non matérielles, comme celle d'élever notre niveau de conscience afin d'inclure plusieurs réalités, ce que les humains, en règle générale, ne connaissent pas encore. L'extase dérive de cette capacité. Lorsque nous envoyons les impulsions de notre sonar, nous pouvons modifier les fréquences cellulaires qui influent sur la santé physique et émotionnelle. Voilà pourquoi les humains se sentent si élevés en conscience après avoir été en notre présence. »

Je me souviens d'avoir entendu dire que des gens avaient observé une guérison partielle, voire totale, de leurs douleurs après avoir nagé avec des dauphins. Je me suis également entretenue avec des individus malades dont les tumeurs ont disparu après qu'ils aient nagé avec des dauphins, ce qu'ils attribuaient, bien sûr, aux effets de leur sonar. Mais le commentaire le plus souvent entendu se résumait à ceci : les dauphins sont comme des psychothérapeutes supérieurs qui stimulent la croissance et le développement d'une personne, peu importe le niveau où elle se situe.

Dans mon for intérieur, je continuais à accepter le fait que l'information que je percevais provenait du dauphin. « Quiconque voyage sur les mêmes longueurs d'onde que les nôtres deviendra conscient de notre présence et remarquera les coïncidences entre les mondes intérieur et extérieur », a-t-il conclu, me laissant dans une douce bulle de joie.

« L'imagination est réelle », persistais-je à croire. Qui avait déposé cette pensée dans ma tête ? Les dauphins avaient-ils véritablement commencé à me restructurer ? Et, dans l'affirmative, selon quel programme et dans quelle direction ? D'une façon ou d'une autre, je me sentais en sécurité comme je l'avais été lorsque je dansais sur les vagues, entourée de dauphins que je savais là, même si je n'arrivais pas à les voir...

Chapitre 21

Le Ciel sur la Terre… Le Ciel sur la Terre. Cette pensée continuait à faire écho dans ma tête et dans mon cœur durant nos derniers jours passés à Kauai. Je me souviens de la deuxième journée où nous avons nagé avec les dauphins.

Un autre couple, qui visitait l'île pendant sa lune de miel, s'était joint à nous dans notre quête des dauphins. Eux aussi avaient trouvé un ange gardien aquatique aux yeux bleus et aux cheveux blonds. Cet ancien instructeur de plongée se faisait un immense plaisir de nous aider à rentrer dans les vagues au bon moment et à découvrir les rythmes des dauphins.

Cette fois-ci, cela nous semblait tellement plus facile ! Son aide enrichissait grandement notre apprentissage. Il savait quels signes rechercher et connaissait aussi les cycles selon lesquels vivent les dauphins, de sorte que nous le suivions comme des canetons suivent leur maman cane. À un certain moment, il a mentionné que les dauphins aiment sentir l'excitation sexuelle entre les gens et que, dans ce cas, ils ont tendance à démontrer davantage d'intérêt. Tous les quatre avons alors senti que nous venions de trouver l'appât parfait pour eux…

Bercés par les vagues tout autour, nous sommes restés à la surface de l'eau avec chacun notre partenaire. Une petite distance séparait chaque couple, mais nous n'avions pas pris conscience que cette distance ne créait pas vraiment de séparation. Nos tentatives pour stimuler nos partenaires respectifs sous l'eau étaient clairement visibles à quiconque regardait par son masque, particulièrement depuis que la boue causée par la pluie s'était déposée.

J'ai vu l'autre couple flotter nu dans les vagues, se caressant et manifestant son excitation. Inutile de dire que tous deux pouvaient aussi nous voir. Un monde sans murs. L'obscurité de la nuit constitue notre borne humaine ; elle n'existe pas pour les dauphins. C'est principalement leur sonar qui leur sert de moyen de voir et il est virtuellement impossible de se cacher d'eux. Même les mouvements intimes de la pensée et des émotions leur apparaissent comme un livre ouvert.

Imaginez que nous ne puissions pas nous cacher, que nous soyons privés de notre intimité telle que nous la connaissons, nos pensées entièrement exposées. Que se passerait-il si tout ce que nous faisons, sentons et pensons était accessible aux autres ?

Je me souviens d'une conférencière qui avait un jour raconté une leçon apprise auprès des Aborigènes d'Australie. « Nous pouvons tous être télépathes, avait-elle dit. Dans la mesure où nous n'avons rien à cacher, aucun mensonge ni aucun secret à garder, le monde autour de nous devient pénétrable, transparent. Ce sont nos propres mensonges, aussi minimes soient-ils, qui érigent les murs qui nous empêchent de voir. Si nous nettoyons les fenêtres de notre propre perception, nous verrons et entendrons le chuchotement des pensées les uns des autres. »

Ici, sous l'eau, je sentais à quel point notre vie serait différente si nous n'avions pas de murs. C'était peut-être la leçon à comprendre ce matin-là puisque, malgré notre bonne volonté à nous exhiber, notre appât sexuel ne mordait pas. Au fond de moi-même, cependant, je prenais conscience de certains changements. Je me sentais davantage en confiance et mon appréciation de la beauté en chacun et en toute chose ne faisait que croître. J'avais un sentiment d'appartenance. Bien que j'aie été habituée à garder ma vie sexuelle privée, j'avais, en fait, apprécié la beauté de la danse amoureuse de l'autre couple. L'absence de murs ne semblait pas nous mettre mal à l'aise, mais nous respections toutefois les normes sociales.

J'ai réalisé que les dauphins obéissaient à une structure sociale très différente. La plupart des choses que nous tenons pour convenables dépendent de ce que les autres autour de nous ont accepté comme correctes.

Je me suis souvenue que notre voyageur du temps avait essayé de nous transmettre le concept de la « zone de confort ». En Chine, par exemple, les enfants observent leurs parents et leurs grands-parents accomplir des actes magiques, comme ne pas saigner malgré des blessures d'épée subies durant les exercices de « boxe spirituelle ». Il devient alors parfaitement naturel pour ces enfants de les imiter afin de pouvoir être acceptés par le groupe et de s'y identifier. La magie n'est plus de la magie, mais un fait journalier.

Nous pouvons élargir cette « zone de confort » graduellement, en dépassant les croyances que nous considérons collectivement et souvent inconsciemment comme vraies. Nous pouvons commencer à inclure des irrégularités, des expériences, des comportements et des convictions qui semblent impossibles ou en dehors du domaine du naturel. En nous associant à d'autres personnes qui partagent les mêmes idéaux, qui fortifient les mêmes convictions, nous pouvons nous permettre d'accueillir l'impossible et de le rendre « normal ». Les miracles peuvent alors devenir choses courantes dans notre quotidien.

Dans notre désir de nager avec les dauphins, nous commencions à élargir le champ de nos croyances. Nous avions trouvé un guide qui nous avait raconté combien de fois il avait nagé avec les dauphins, et nous croyions qu'il nous était possible d'en faire autant.

Après avoir pique-niqué sur la plage, nous nous sommes assis ensemble et avons laissé les vibrations de l'île nous pénétrer jusque dans les os. Tout à coup, Art, le nouveau marié, a aperçu quelques dauphins. Les voilà, ils étaient là ! Dans un rythme continu, nous avons vu une marée de nageoires monter et descendre, puis une autre série de nageoires ont fait surface. Il y avait là un groupe de soixante-dix à cent dauphins, qui remontaient à la surface dans un mouvement de vague !

Don et Art ont enfilé leur équipement aussi vite que possible. Anne, l'épouse d'Art, et moi, étions un petit peu plus lentes, mais nous avons tous fini par nous retrouver dans l'eau, y compris notre guide. Il nous avait dit qu'il était absolument interdit de poursuivre les dauphins. Premièrement, aucun humain n'apprécierait être pourchassé ; deuxiè-mement, si les dauphins se sentent serrés de près, ils n ont qu'à donner une secousse avec la pointe de leur queue et les voilà déjà loin. De plus, des problèmes de protocole existent. Dans la mesure où les dauphins nagent vers nous, qui étions là les *premiers*, ce n'est pas du harcèlement. Ainsi donc, il nous fallait nager de façon à éviter de commettre un certain nombre d'interdits. Celui qui avait le plus de sens pour moi était que les dauphins n'aiment pas être talonnés. Après tout, ce sont des êtres sauvages et ni les lions ni les chevreuils en liberté n'apprécieraient ce genre de traitement.

Dès que j'ai eu la tête sous l'eau, le premier frisson passé, j'ai com-mencé à entendre le sonar des dauphins. La sensation connue d'être chez moi dans l'eau me revenait. C'était un changement radical entre « ne pas vraiment vouloir me mettre à l'eau » et « danser avec plaisir dans les vagues ». Tout d'un coup, je me sentais en sécurité et l'eau constituait ma demeure. L'amour inondait mon cœur et en débordait. Je me sentais liée à notre petit groupe et à tous les dauphins invisibles. Comment avaient-ils pu créer un tel changement ? Le temps s'était arrêté et les jeux de lumière dans ces eaux profondes me fascinaient. Je voyais de longs filets de lumière prolonger l'ombre de mon corps et de larges faisceaux lumineux autour de ma silhouette.

Cet étrange sentiment de voir clairement la qualité de l'eau se modifier sous mes yeux continuerait à présager l'arrivée de mes amis dans les années à venir. C'était comme si l'eau autour de moi devenait plus chargée de lumière, remplie d'une présence supernaturelle.

Soudain, je me suis rendu compte que j'avais nagé toute seule plus au large et que les autres s'étaient dispersés dans différentes directions, chacun de nous essayant de son mieux d'être au « bon endroit » afin que les dauphins viennent à lui. Chose assez étonnante, je me sentais en sécurité. Je faisais confiance aux dauphins et à l'eau, et je vivais un sentiment d'abandon total. Une vague profonde de reconnaissance m'a envahie. Je n'avais pas besoin d'être sur mes gardes intérieurement ni extérieurement et, pour un moment, je me sentais tout à fait en sécurité. Ce sentiment allait nous visiter maintes et maintes fois au cours de nos rencontres futures avec les dauphins.

Quand je repense à notre première expérience, je me demande à quel point les dauphins avaient bien pu lire dans nos pensées. Bien que je ne les aie jamais vus physiquement sous l'eau lors de ce premier voyage, c'était comme si je les avais rencontrés. Nous avions communié en rêve, ainsi que dans l'eau, sauf que mes yeux n'avaient pas goûté la joie de les voir.

Une fois sortis de l'eau, nous avons échangé nos récits personnels. Don et Art étaient les nageurs les plus sûrs et avaient, en fait, aperçu les dauphins pendant quelques instants. « C'était comme s'ils faisaient une procession, nous a raconté Don. Ils défilaient, tranquilles, avec deux autres dauphins patrouillant de chaque côté d'eux. »

Une de ces paires était venue nager brièvement devant Don et Art. Mais, dans son agitation de voir enfin les dauphins, Art avait transgressé un interdit en essayant de nager derrière eux, ce qui les avait brusquement fait fuir, entraînant avec eux tout le banc.

L'ange aquatique qu'était notre guide nous a informés qu'ils étaient dans leur cycle de sommeil. Étant donné qu'ils doivent rester éveillés pour respirer, ils ne peuvent simplement pas s'assoupir comme le font les humains. Notre respiration est maintenue par le système nerveux sympathique, qui crée un réflexe. Les dauphins, en revanche, doivent respirer consciemment, en retenant leur respiration très profondément et durant plusieurs minutes : il leur est donc impossible de s'endormir.

John Lilly, le célèbre chercheur intéressé par les dauphins, a découvert qu'ils semblent « fermer » un côté de leur cerveau à la fois, reposant alternativement les deux hémisphères. Durant les périodes de repos, les dauphins ont besoin qu'un membre au moins de leur clan reste vigilant pendant que, collectivement, ils entrent dans une sorte de transe. Ces gardiens contribuent à la direction du mouvement de houle que nous avions remarqué. Les dauphins doivent refaire surface à intervalles réguliers pour respirer, créant ainsi une courbe en forme de S qui monte et qui descend. Les dauphins patrouilleurs guident le groupe dans ce mouvement de similitranse, tout en restant sur le qui-vive en cas d'intrusion.

Maintenant je comprenais pourquoi il était si important d'approcher les dauphins avec sensibilité, au lieu d'essayer de les poursuivre comme des enfants surexcités.

Alors que notre guide nous communiquait cette information, je percevais un sentiment d'unité entre nous cinq durant nos échanges. Le soleil s'évanouissait à l'horizon et quelques nuages s'annonçaient. Il nous fallait encore escalader la colline et notre guide nous a invités à profiter du jacuzzi dans la belle résidence qu'il gardait. Il allait nous guider sur un sentier particulier longeant le ravin d'un luxuriant jardin tropical qui faisait partie de la même propriété.

Lorsque les premières gouttes de pluie ont picoté notre peau, nous avons vite ramassé nos affaires et avons commencé l'escalade de la colline. Nous étions cinq humains complètement nus qui entraient dans un magnifique jardin tropical où quelques gouttes de pluie occasionnelles venaient taquiner leurs sens. La colline était couverte de bananiers, de papayers et de manguiers. En regardant autour de moi, je me suis soudainement sentie éblouie par la beauté des lieux. Les arbres, les parfums, la lumière tamisée qui s'infiltrait à travers le feuillage, et notre petit groupe qui marchait ensemble – c'était comme si nous faisions un, partie d'un océan, d'une terre, d'un champ d'énergie. La félicité de vivre dans le jardin de l'Éden devait certainement ressembler à ce que nous sentions ici dans ce paradis.

Par la suite, je me suis souvenue de ce sentiment comme étant la « plénitude qu'apportent les dauphins ». Ceci rappelle que le sentiment de paradis est un état intérieur. C'est un bienfait vibratoire, un état que nous pouvons apprendre à générer nous-même, un rappel à vivre le Ciel sur la Terre.

Chapitre 22

Ce soir-là, nous avons tous ressenti les effets que produit sur la psyché le fait de nager avec les dauphins, que l'on puisse les voir ou non. Nous nous sentions au septième ciel. Le monde baignait dans des teintes dorées, et nos sentiments prenaient une nuance de rose, de compassion. Pendant que nous préparions la nourriture ensemble et que nous partagions un repas simple, j'ai remarqué combien chacun d'entre nous était heureux. Une simple activité peut en effet être ressentie tellement différemment s'il y a eu un changement dans la conscience ou dans les vibrations ! Tout ce que nous faisions semblait avoir plus de sens ; nous étions remplis de joie.

Les dauphins créent apparemment cet effet chez la plupart des gens qui nagent avec eux. Je pouvais presque entendre les dauphins murmurer : « Apprenez à engendrer ce sentiment entre vous de façon continue. » Comme nos vies seraient autres !

Comme le parfum des frangipaniers flottait dans l'air, il était facile, du moins ce soir, de se sentir chaleureux, unis, reconnaissants, et prêts à rire pour un rien. J'adorais me retrouver ici à Hawaii avec le soleil, l'eau et le vent qui caressaient nos corps et nos âmes.

Cette même soirée, en allant nous préparer à dormir sous notre petite tente, Don et moi avons médité.

Après avoir fermé les yeux, j'ai laissé toutes les pensées et les soucis derrière moi pour m'envoler loin au-dessus des nuages. Je me suis sentie transportée au-delà des îles, légère, dans les hauteurs de la stratosphère. J'avais l'impression d'arriver chez moi et un souffle profond m'a pénétrée. J'ai laissé mon « moi » se dilater et perçu que je devenais semblable à une sphère englobant la planète entière. Comme j'observais la lumière entourant notre monde, j'ai vu mon guide intérieur entrer dans mon champ de perception. Une sensation surnaturelle se dégageait de lui, son immense amour me pénétrait profondément.

Une intense charge magnétique passait entre nous et j'ai senti que nous devenions une fontaine de lumière. Entraînés par la force de notre union, nous avons été tous les deux propulsés comme si nous volions vers des régions plus élevées. Finalement, une nappe sereine de lumière blanche s'est ouverte devant nous et je ne pouvais plus nous « voir » comme je l'avais fait jusque-là. Nous étions « Un » et mon cœur débordait de compréhension.

C'était comme si l'on me montrait comment, à ce niveau de la réalité, nous n'étions plus divisés entre l'inférieur et le supérieur mais que, au contraire, nous pouvions deviner la bonté de chaque être et voir l'essence de chaque âme.

J'ai vu l'énergie qui émane de l'âme des gens d'affaires, de certains hommes et femmes politiques, et j'ai aussi perçu le schéma des leçons auxquelles ils sont confrontés. Toutes ces leçons semblaient pointer dans une direction : laisser l'amour qui est partout autour de nous, et clairement perceptible ici, pénétrer notre cœur.

En voyant ce mariage d'Amour-Lumière entrer dans les êtres que je regardais, j'ai su qu'ils prendraient des décisions différentes dans leur milieu physique en raison de l'amour qui pénétrait leur essence.

« Dans la mesure où tu acceptes de voir cet amour en puissance émaner de chaque personne que tu rencontres et de percevoir son véritable cœur, tu aides l'amour à s'intégrer dans la vie de chaque personne et dans la tienne », m'a transmis mon guide intérieur.

Je reconnaissais que ces pensées jouaient un rôle important dans les leçons que je devais apprendre ici et je pouvais sentir la vérité me toucher profondément. Si je mettais ceci en application dans ma vie quotidienne, cela signifiait que je pouvais créer un changement dans

« mon » univers, qui pourrait se refléter dans mon expérience personnelle ou globale. Apparemment, lorsque je reconnaissais intérieurement
la capacité d'amour et de lumière d'une autre personne, des changements favorables s'ensuivaient.

Les dauphins avaient quelque chose à voir avec cette vision, et ma
préparation intérieure avant de venir à Hawaii m'avait permis de
discerner le potentiel des êtres. Le voyageur du temps avait aussi
participé au développement de cette compréhension.

Comme Don et moi retournions doucement à la sensation de nos
corps, nous nous sommes regardés un long moment en silence.
Comme si nous vivions sur plusieurs plans différents : à un niveau,
nous étions humains, à un autre, nous nous voyions mutuellement
comme des anges, et sur un plan encore plus élevé, nous ne pouvions
plus distinguer les limites de nos êtres. La béatitude et l'unité nous
comblaient de toutes parts. Chaque fois que nous atteignions cette
région, je remarquais que notre vie physique devenait beaucoup plus
harmonieuse et que notre amour réciproque grandissait.

J'ai compris que cette façon de nous voir mutuellement était liée au
sentiment d'être amoureux. La magie de « tomber amoureux » est
simplement une façon de partager les dimensions supérieures dans un
état de fusion. Bon nombre de personnes pourraient, en réalité,
apprendre *comment* « être en amour » et retrouver cet état à volonté.

Tout heureux, nous nous sommes endormis.

Chapitre 23

Le lendemain, nous devions rencontrer un couple que des amis de Seattle nous avaient suggéré d'aller voir. Ces gens s'intéressaient au SE-5 et nous en avions apporté un avec nous pour le leur montrer.

Sans hâte, nous avons pris la direction du nord de l'île pour aller rendre visite à Lanaya et Bill. À notre arrivée, un riche domaine tropical nous attendait : une luxueuse résidence entourée d'un jardin rempli de toutes sortes de fleurs aux couleurs variées surplombait un ravin où serpentait une rivière. Les parfums nous ont vite fait nous sentir les bienvenus.

Lanaya, enceinte, nous a accueillis dans sa combinaison-pantalon jaune qui lui moulait bien le ventre. La maison avait été entretenue d'une façon méticuleuse et les nombreuses sculptures sur les poutres et les montants de bois lui donnaient un cachet artisanal.

Les présentations se sont déroulées amicalement et comme nous avions un intérêt en commun, nous avons sympathisé sans tarder. Assis autour d'une table en bois près de la grande fenêtre, Don et moi regardions cette femme, comme si nous l'avions déjà rencontrée quelque part, mais où ? Finalement, la réponse nous est venue en un éclair. Une année plus tôt, elle s'était présentée chez nous, à Seattle, dans un état de détresse.

Elle était venue nous rendre visite avec un ami qui s'intéressait à certains de nos instruments. Nous donnions des démonstrations gratuites à notre résidence et, ce jour-là, son ami essayait un des instruments pendant que Don en expliquait le fonctionnement. Lanaya, qui n'était pas très versée en matière de technologie, et moi en profitâmes pour aller nous asseoir dans la balançoire installée sur le balcon avant. Comme nous nous bercions dans la douce brise de fin d'automne, notre conversation prit rapidement une tournure plus profonde et il devint évident qu'elle avait besoin d'aide. Son existence n'était pas très rose. Elle partageait sa vie avec un homme peu fiable qui gagnait à peine sa pitance et elle sentait qu'elle n'exprimait pas sa raison d'être. Elle était loin de vivre aucun de ses rêves.

Son passage chez nous tombait peu de temps après que nous avions suivi notre formation avec le voyageur du temps et j'étais disposée à essayer les nouvelles méthodes apprises.

Linda, son nom à l'époque, était prête à tenter l'expérience ; alors, je l'invitai doucement à faire confiance au savoir enregistré dans son corps. Elle ralentit suffisamment sa pensée pour permettre à sa sagesse intérieure de s'exprimer. Notre corps nous révèle la vérité si nous acceptons d'écouter et si nous pouvons apprendre à interpréter ses messages. Les sentiments de Linda se concentrèrent sur son ventre et son cœur. Elle se sentait opprimée, n'osant plus rêver parce qu'elle ne croyait plus mériter d'être heureuse.

Au fur et à mesure que nous poursuivions notre travail à travers de nombreuses couches, elle transforma ce sentiment en une vision dans laquelle elle se voyait participer à la vie, où elle voulait faire don de son amour aux autres selon l'expression qui lui venait intérieurement. Un radieux soleil était le symbole de sa force et un arc-en-ciel représentait son cheminement sur le sentier de la vision et de l'amour.

Ces deux images l'aidèrent à regrouper les filons neurologiques de ses souvenirs passés où elle s'était sentie sans valeur, et si elle restait branchée à ces nouvelles images de son monde intérieur, elle prendrait bientôt un nouveau sentier dans la vie. Je fus touchée. Non seulement tout s'était bien déroulé – même s'il avait fallu un peu plus de temps que je ne me serais crue capable de tenir – mais je devinais aussi quelque chose se transformer en moi. En suivant le processus d'écoute de son corps, en permettant à ses sentiments de s'exprimer en images, puis en les transformant en leurs désirs les plus sincères, de sorte qu'ils deviennent des amis au lieu d'ennemis, je compris que cette transformation touchait aussi une partie de mon âme. Comme si, à chaque séance de guérison à laquelle je contribuais, une partie de moi guérissait également.

Découvrant cet épisode du passé, assis ensemble dans sa maison de Kauai, nous étions tous stupéfaits. La différence dans sa vie était si renversante que je ne l'avais pas reconnue. L'univers m'avait silencieusement offert un cadeau en me permettant de constater la transformation évidente de sa vie à la suite du travail que nous avions fait ensemble. Le mérite en revenait à la Vie.

Cette expérience fortifia en moi la résolution de continuer à aider les gens dans l'apprentissage de cette méthode, à l'intégrer petit à petit et à la montrer à tous ceux qui désirent apprendre comment aider les autres.

Lanaya et son nouveau mari avaient ouvert un gîte ici, à Kauai, où Lanaya offrait également des massages. C'était sa façon de partager son amour et ses talents avec les gens. La propriété disposait de plusieurs petits chalets lorsqu'ils l'avaient achetée et l'un d'eux lui servait de studio pour ses massages. C'est là que nous passerions la nuit.

Durant le reste de la journée, nous avons continué à jouer avec le SE-5 et à parler de tous les miracles que nous avions vécus. Don et moi aimons apprendre pour nous-mêmes et montrer aux autres comment avoir accès à leurs possibilités dans ce monde prétendument « solide ». Au cours de notre démarche, nous avons découvert que tout pointe vers une même direction : devenir de plus en plus des cocréateurs de l'Amour et du Ciel sur la Terre dans l'univers de Dieu.

Nous créons nos propres réalités à tout instant, consciemment ou non, et nous pouvons apprendre à devenir un miroir de la beauté et de l'amour. Notre expérience terrestre en tant qu'humains, je la qualifie « d'anges en formation sur la Terre ».

Chapitre 24

Nous avons passé une excellente nuit dans le petit havre où Lanaya offrait ses soins et, le lendemain, nous avons pris une douche rafraîchissante en plein air. C'était si exaltant de nous doucher nus, entourés d'arbres, dans l'air frais du matin, que je me suis promis d'installer un jour une douche extérieure chez moi si j'en avais la possibilité.

Après le petit déjeuner, nous avons fait nos adieux à Bill et Lanaya et nous sommes allés dans un endroit merveilleux pour la plongée libre appelé Tunnels. Les vacances offrent une occasion parfaite pour rencontrer plusieurs personnes différentes et s'adonner à des activités qui ne cadrent pas dans le rythme normal de nos responsabilités. Le style de vie à Hawaii est beaucoup plus détendu que dans bien d'autres endroits. Le climat lui-même facilite l'existence par rapport aux vêtements et à l'abri, et les gens s'y sentent très ouverts.

À ce point, toutefois, nous avions besoin, Don et moi, de nous retrouver seuls et, le lendemain, nous avons passé la journée à nager, à lire le bouquin sur les dauphins et, le soir, à camper près de la plage. Le surlendemain, nous avons marché le long de la côte de Napali et le turquoise pur de l'océan nous a enchantés.

Les vacances tiraient à leur fin, aussi commencions-nous à ressentir l'agitation monter en nous, l'envie de passer à autre chose. Il m'apparaissait clairement que le fait d'avoir trop de temps libre, sans aucune forme d'expression, surchargeait rapidement le système humain. J'ai compris pourquoi un si grand nombre de gens qui ne font rien ou ne créent rien, souvent par défaut, modifient leur perception en prenant des drogues ou en s'installant devant la télévision. Beaucoup de personnes à Hawaii regardaient au moins deux vidéos par jour parce qu'elles n'avaient rien pour les occuper. Après un certain temps, le cerveau devient paresseux et se régale des histoires toutes faites du cinéma. Au lieu de créer leurs propres histoires, qui pourraient exprimer leur beauté personnelle, plusieurs sont devenus des fanatiques du cinéma.

La plupart des gens croient qu'ils sont les maîtres de leurs décisions, qu'ils « choisissent » de regarder ceci ou cela. Nombre d'entre eux ne remarquent pas à quel point ces images deviennent subtilement une drogue pour le cerveau et comment une heure par semaine ne suffit plus. Ils ne s'aperçoivent pas non plus de la perte d'énergie, de l'énorme quantité de temps que le subconscient passe à mastiquer ces histoires, à essayer de digérer toutes ces images qui défilent devant eux.

Au contraire, si l'on ne s'accorde pas ce genre d'aliments « en conserve » pour nourrir le cerveau, la pensée cherchera à créer son propre cinéma. Dirigée correctement, elle commencera alors à produire des miracles dans le monde extérieur. Mais il faut savoir comment parler à cette partie de la pensée, comment travailler de façon constructive avec elle, comment découvrir le sentier caché qui mène à la superconscience.

Le voyageur du temps et les dauphins nous montraient la direction. L'imagerie en était la clé, quel que soit l'« âge » de cette connaissance.

C'est la capacité à « vivre » cette vie riche en imagerie qui fait la différence entre goûter le Ciel sur la Terre… ou non.

Durant l'après-midi passé à la plage des Tunnels, j'ai poursuivi ma lecture de *Call of the Dolphins*. Dans son livre, Lana Miller décrit ses expériences lors de sa rencontre avec des dauphins et avec des personnes qui ont travaillé avec eux. Le lendemain, j'ai lu un article sur Roberta Quist-Goodman, cette femme qui avait œuvré avec John Lilly, le premier chercheur américain célèbre à avoir travaillé avec les dauphins. Il est fort probable que le film *Day of the Dolphin* ait été inspiré de ses recherches.

Roberta avait collaboré avec lui dans le cadre d'un programme qui visait la remise en liberté de deux dauphins, Joe et Rosie. John Lilly les avait capturés en 1980 dans le golfe du Mexique, en promettant que, si on lui permettait de les capturer, il leur rendrait un jour la liberté. En conséquence, il fallait réapprendre aux dauphins à se nourrir eux-mêmes, ce qui leur est difficile une fois qu'ils deviennent habitués à recevoir leur nourriture. Cela me rappelait comment le cerveau humain adore être alimenter d'histoires en images.

Roberta avait travaillé avec Joe et Rosie durant trois ou quatre ans, accomplissant toutes sortes de tâches, du récurage de la piscine à la pratique de jeux complexes pour les aider à désapprendre les comportements répétés.

Voici une des histoires racontées par Lana Miller, qui m'a particulièrement impressionnée : Roberta songea à une expérience pour vérifier si Joe était vraiment aussi télépathique qu'elle le croyait. Elle voulait savoir à quel point il l'était et se demandait si le langage subtil de son corps avait bien pu donner des indices à Joe et à Rosie de ce qu'elle pensait, et de ce fait, tromper ses impressions, particulièrement en ce qui concernait les capacités télépathiques de Joe. Afin d'éliminer toute chance que son corps donne des indices, elle conçut l'expérience suivante.

À la maison, elle inventa une phrase qui décrirait l'état d'un dauphin : « *Sentir* la *vie aquatique* d'une *chose*. » Elle s'était servie des symboles d'un système appelé « langage de l'espace », qui se compose de trente-trois lettres, dont chacune possède un sens symbolique. Pour chaque mot clé de sa phrase, elle projeta les images suivantes.

Elle forma d'abord dans sa pensée l'image du concept de « sentir » comme un demi-cœur. Le deuxième mot, « vie », elle le conçut telle une feuille, le troisième, « aquatique », comme l'eau simplement, et le quatrième, « chose », comme un gros point. Un beau soir, elle transmit dans cet ordre les images à Joe, qui semblait plus réceptif à sa pensée et plus conscient que Rosie.

Le lendemain matin, elle s'avança vers la piscine où Joe se trouvait pour la journée et elle lui projeta la pensée « salut toi, quoi de neuf ? ». Dès qu'elle lui eut posé la question, il vint vers elle et dessina un demi-cœur en nageant. Après quoi, il s'approcha rapidement d'elle avec un air interrogateur voulant dire : « As-tu compris mon dessin ? » Roberta l'avait bien saisi et remarqua à quel point il ressemblait à son image de la veille, mais elle ne s'attendait à rien de plus.

À sa grande surprise, Joe tourna ensuite sur un de ses flancs et bougea sa nageoire pectorale. Cette nageoire avait la forme d'une feuille, étroite à une extrémité et légèrement arrondie à la base. Apparemment, Joe était satisfait du degré de compréhension de Roberta puisqu'il revint vers elle et l'éclaboussa. « Eh bien, se pourrait-il que ce soit *l'eau* que j'ai visualisée ? » songea-t-elle.

Roberta était absolument enchantée. « Est-ce possible qu'il ait reçu toutes mes pensées, et cela, d'une façon précise ? » se demanda-t-elle.

Tout jubilant, à l'évidence, Joe fila vers une chambre à air noire qui flottait sur l'eau et pointa son museau au milieu. « Qu'est-ce que cela peut bien signifier ? Se pourrait-il que ce soit le point que j'avais visualisé ? Assurément, c'était ce qui se rapprochait le plus du gros point », conclut-elle.

Cette expérience lui prouva sans le moindre doute que Joe avait lu dans sa pensée, qu'il avait saisi ses images-concepts, et ce, non pas d'une manière vague, mais bien textuellement. Plusieurs entraîneurs ont remarqué que les dauphins semblent parfois faire de nouveaux « tours » avant même qu'on les leur enseigne. Visiblement, ils réagissent aux images de l'entraîneur dès qu'il les pense.

D'autres entraîneurs croient que les dauphins ne sont rien de plus que des animaux intelligents et racontent des histoires appuyant leur thèse. Roberta affirme que les dauphins montrent souvent à l'entraîneur le reflet parfait de la vision qu'il a vis-à-vis de leur capacité. Cela s'avère tellement exact qu'avec un certain entraîneur, un dauphin se montrait intelligent, instantanément réceptif et télépathique, tandis qu'avec un autre, le même dauphin se montrait lent à apprendre, semblait stupide et quasiment incapable de saisir la signification des signaux d'entraînement.

Un privilège que Roberta dit avoir retiré des années passées avec Joe et Rosie est qu'ils lui ont appris à composer avec la situation en main en usant de toutes les possibilités, en puisant profondément en elle sa propre capacité à faire confiance et en lui montrant comment pénétrer dans de nouvelles dimensions.

Chapitre 25

J'étais fascinée ! Si les dauphins pouvaient comprendre les images-pensées projetées par quelqu'un, comme Joe l'avait démontré, alors mes expériences télépathiques avec eux avaient peut-être été aussi réellement tangibles que je l'avais espéré.

Je songeais à notre « rendez-vous », la première fois, à la « plage secrète », aux rêves que j'avais faits en leur compagnie et au sauvetage des baleines après que les dauphins m'avaient signalé la détresse de la baleine en rêve.

Quelles étaient les répercussions de cette forme de communication ? Premièrement, elle signifiait l'existence d'un monde réel en dehors des limites de l'univers à trois dimensions dans lequel nous croyons vivre. La télépathie, bien qu'invisible à l'œil nu, montre le lien qui existe entre les lois et les énergies qui gouvernent notre expérience physique. De multiples dimensions dans lesquelles nous vivons quotidiennement affectent notre vie, que nous en soyons conscients ou non.

Deuxièmement, cette forme de communication suppose quelque chose de beaucoup plus vaste que je n'avais osé le croire. Mon rêve sur les « dauphins/baleines » en particulier, dans lequel les baleines avaient été sauvées dans la réalité, en quelque sorte en tandem avec ce rêve, indiquait un degré d'interaction entre les dimensions qui dépasse les limites du temps linéaire et qui existe en dehors de ce que nous, les humains, acceptons de croire.

Je devenais de plus en plus convaincue que le travail interactif par le biais de l'imagerie crée des résultats tangibles dans le monde où nous vivons, même à des kilomètres plus loin. Cette seule répercussion porte en germe beaucoup d'espoir. Les rêves éveillés et les images que nous entretenons intimement dans notre vie quotidienne agissent puissamment sur notre réalité. J'étais enthousiasmée à l'idée que je pouvais passer du temps dans ces dimensions et, par l'imagination, m'aider et aider les autres.

À un niveau de communication plus physique, on a supposé que les dauphins peuvent tenir deux conversations en même temps. Par exemple, on dit qu'un dauphin peut simultanément communiquer avec un de ses semblables tout près de lui et avec un autre, sept kilomètres plus loin.

« Il y a au moins une espèce sur cette planète dotée d'un système nerveux suffisamment perfectionné pour pénétrer des réalités encore au-delà de la portée de la plupart des humains. Nous ferions bien de commencer à apprendre des dauphins », ai-je songé.

Le temps que nous avions passé seuls nous avait ragaillardis et nous parlions, Don et moi, de la possibilité d'être plus souvent avec les dauphins. Nos prochaines vacances étaient prévues pour juin de l'année suivante ; nous pourrions peut-être revenir ! L'idée nous plaisait beaucoup.

Avec ce projet en tête, nous avons regagné la civilisation. Notre premier arrêt a été au magasin d'aliments naturels situé à Hanapepe. En flânant dans les allées, d'où s'échappaient des odeurs alléchantes de pain intégral et de friandises, j'ai capté le regard brillant d'une femme de grande taille. Beaucoup d'amour émanait de son être pour quiconque la croisait et j'étais émerveillée par la beauté de son esprit. Quelques instants plus tard, nous parlions des magnifiques endroits à visiter à Kauai. Elle et son partenaire tenaient des chambres d'hôtes sur l'île de Maui et ils nous ont parlé de leur zodiac[1]. Si nous venions leur rendre visite à Maui, nous pourrions sans doute aussi y rencontrer des dauphins, nous apprirent-ils. Le coût d'hébergement, de vingt-cinq dollars américains la nuit, était si raisonnable que nous avons pris la décision d'aller à Maui au début de l'été suivant.

---

1 NDT : Le zodiac est une embarcation de caoutchouc propulsée par un moteur.

Les choses se mettaient en place. Paul et sa compagne nous ont gentiment invités à passer notre dernière nuit chez eux et nous étions très heureux d'accepter et de pouvoir prendre une bonne douche chaude. Le lendemain matin, nous avons fait nos valises et sommes partis vers le milieu de l'après-midi, en direction de l'aéroport.

Ce séjour avait été des plus précieux à tous égards et l'énergie des dauphins semblait s'amplifier en nous. J'avais certainement appris que les dauphins me poussaient à regarder mes peurs en face et à les vaincre. Ils m'avaient aussi aidée à prendre conscience du fait qu'avec de la patience et de la persévérance, j'avais le pouvoir de surmonter mes obstacles intérieurs. J'avais aussi commencé à comprendre que les échanges tenus dans les dimensions subtiles sous forme de rêves ou de transmissions de pensée avec les dauphins prenaient corps. Cette communion intérieure était une façon d'accéder à l'énergie des dauphins sans jamais rentrer dans l'eau. L'extase devenait une « nouvelle » fréquence dans notre vie.

L'heure était maintenant venue de nous envoler à nouveau au-dessus des nuages, laissant les îles hawaiiennes derrière nous.

Seattle nous attendait avec ses arbres verts, ses sommets enneigés et sa pluie fine. Combien j'aimais respirer l'air d'ici ! Après un si long congé, nous avions tous les deux hâte de reprendre notre travail. Nous étions en pleine construction de notre nouvelle demeure – un dôme géodésique – sur une île de la côte nord du Pacifique, à environ une heure trente au nord de Seattle.

Précédemment, notre voyageur du temps nous avait offert de nous accueillir comme élèves et nous avions déjà commencé notre formation avec lui. Bientôt, nous enseignerions à d'autres les méthodes permettant de pénétrer le monde de la rêverie et de vivre le Ciel sur la Terre.

Chapitre 26

Un soir, peu après notre retour d'Hawaii, j'ai reçu un message très clair dans un rêve. Don et moi devions produire une cassette d'imagerie mentale dirigée qui permettrait aux gens de pénétrer la conscience des dauphins.

Je venais tout juste de commencer à écrire le texte et, en perspective de l'étape suivante, je me suis assise sur le divan au cours d'un après-midi tranquille afin de poursuivre la lecture du livre de Lana Miller, *Call of the Dolphins*. Par « coïncidence », je suis tombée sur le chapitre où Lana raconte qu'elle s'était rendue dans un désert de l'Arizona, près de Sedona, pour participer personnellement à un groupe d'imagerie dirigée. Une femme habitant cet endroit avait créé un voyage intérieur d'imagerie dirigée pour entrer en contact avec les dauphins et Lana en fait la description à peu près dans les termes suivants : « Vous descendez lentement dans l'eau… et vous remarquez qu'un dauphin s'approche de vous et touche votre gros orteil, projetant un faisceau d'énergie qui monte en flèche à travers votre corps… vous le sentez passer dans la colonne vertébrale… et sortir par le sommet de votre tête… »

« Minute ! ai-je pensé, j'ai peine à croire que quelqu'un a conçu un voyage d'imagerie dirigée qui soit la réplique parfaite du rêve si frappant que j'ai fait récemment. » Ma mémoire en était encore assez imprégnée pour éveiller mes sens. Dans mon rêve, de très hautes fréquences provenant du sonar du dauphin m'avaient traversée, et j'avais vécu toute cette aventure comme une initiation. Que se passait-il ? Quel était le sens profond de cette coïncidence ?

Peut-être les dauphins administrent-ils des secousses semblables pour initier de nombreuses personnes pendant qu'elles rêvent ? S'agissait-il d'un procédé archétypal ?

Afin de découvrir l'intention que me réservaient les dauphins, j'ai fermé les yeux. J'étais maintenant persuadée de la réalité des « expériences fantaisistes » que je vivais avec les dauphins. Comme si mon ami le dauphin flottait au-dessus de moi et m'attendait. Je ne pouvais taxer de coïncidence le fait que je venais tout juste de lire le récit de cette odyssée. Que tentaient-ils de faire ? J'étais impatiente de le découvrir !

Intérieurement, je me suis rendue à l'endroit où je prétendais voir le dauphin m'attendre… Une fois arrivée, une sphère de lumière m'entourait ainsi que le dauphin… Lentement, j'ai ouvert mon champ de compréhension pour « capter » d'un seul coup les messages, comme s'ils formaient une boule de pensées… J'ai projeté à mon ami le dauphin une question sur le sens de la coïncidence entre mon rêve et le récit du livre de Lana Miller. En quelques secondes, la réponse m'est venue et je l'ai interprétée comme suit : « Nous voulons que tu décrives l'expérience que tu as faite en rêve et qu'elle compose une partie de ton voyage intérieur d'imagerie dirigée, tout comme la femme l'a fait dans son livre. Nous communiquons avec toi et tous ceux qui sont suffisamment concentrés, et vous nous découvrirez en vous. »

Heureusement que les dauphins me dirigeaient d'une façon très claire, car mes convictions personnelles m'amenaient à croire qu'il valait mieux garder pour soi toutes les expériences intimes. Les exposer au grand public n'était certainement pas ce que je préférais.

Comme mon guide et ami le dauphin semblait avoir une idée de ce en quoi devait consister un tel voyage, je lui ai demandé s'il voulait communiquer quelque chose de particulier. En observant ma vision intérieure, j'ai vu le dauphin sortir la tête hors de l'océan et la diriger vers le ciel. Il m'invitait à le suivre dans un autre monde. Toujours plus haut, nous sommes montés… parmi les étoiles… volant à l'unisson… jusqu'à ce que nous atteignions ce qui semblait être une planète composée d'eau. Nous en avons pénétré l'atmosphère et avons plongé, tournant ensemble, dans les profondeurs des eaux de cette planète… Immédiatement, le dauphin m'a conduite dans un vaste endroit où se tenaient réunis d'autres êtres qui semblaient très bien connaître mon ami et guide.

En quelques instants, ces êtres se sont regroupés en spirale autour de moi et ont amené ma conscience dans un tourbillon rapide, modifiant mon niveau et ma capacité de compréhension jusqu'à un niveau supraconscient… Un réseau de lignes lumineuses englobant toute leur planète m'est apparu… Aux points nodaux, là où deux ou plusieurs lignes s'entrecoupaient, un point éclatant se formait et explosait dans une énergie d'extase, telle une fontaine, embrasant l'espace tout autour…

« Regarde de plus près, ai-je entendu intérieurement. Nous voulons que tu fasses la même chose sur ta planète. Tu peux voyager sur ces ondes de temps et de lumière, et illuminer les réseaux d'énergie autour de ta propre planète. Tu sentiras ton cœur déborder d'une satisfaction profonde parce que cela te permettra d'être qui tu es vraiment – un être d'une immense beauté, de lumière et d'expression. Imagine simplement un réseau de lignes lumineuses enveloppant ta planète et vois-le rayonner. S'il n'est pas entièrement lumineux, demande aux points sombres de quoi ils ont besoin et vois ensuite la lumière de l'amour les illuminer. Vois comment cet Amour s'infiltre dans toutes les manifestations de la vie sur terre et comment toutes les créatures sont nourries par son lien profond avec l'Amour et Tout-ce-qui-est. »

Mon expérience de visualisation se poursuivait, sans cesse inspirée de messages. « Vous êtes tous reliés à ce réseau, qui transmet de l'information d'une nature supérieure à votre propre atmosphère et à votre Moi. En élevant l'image que vous avez de vous-même et en comprenant que votre véritable corps n'est pas fait uniquement de chair et d'os, mais qu'il se compose également d'une lumière aussi brillante que vous pouvez le concevoir, vous augmentez votre champ d'influence personnel, vous devenez la beauté que vous imaginez. »

Je pouvais voir l'entrecroisement des lignes de lumière déverser un état d'extase au cœur même de chaque être de cette dimension. Cela me rappelait l'entretien d'un jardin, le désherbage au besoin et l'admiration éprouvée devant les fleurs de l'amour s'épanouissant dans les âmes de tous ceux qui vivent là.

« Ta mission, si tu l'acceptes, est d'augmenter les fréquences de ton propre monde ; c'est ce qui ouvre réellement les portes du Ciel, où que tu sois. Ressens un état d'émerveillement devant la force qui anime tout, admire la beauté dans tout ce que tu vois. Cette attitude fortifiera ton lien avec la Source et déclenchera de véritables miracles. »

Les images et les sentiments comblaient mon entendement, et j'ai accepté.

« Maintenant, va et partage ce savoir avec les autres », ont-ils conclu.

Avec ce dernier message, la spirale qu'ils avaient tissée autour de moi s'est relâchée et j'ai retrouvé mon état de conscience habituel, remarquant que mon ami le dauphin se tenait à mon côté. J'étais allée à cet endroit pour vivre un nouvel état de réalité et pour apprendre, en tant qu'être humain, ce que je pouvais accomplir par l'imagerie, grâce au pouvoir de concentration et d'attention.

J'ai compris que l'imagerie est simplement le moyen d'accès à des dimensions qui demeurent autrement inaccessibles à la pensée matérielle. Dans ces autres dimensions, le passé et le futur se rejoignent, et les changements sur les lignes du temps se manifestent dans le monde tridimensionnel.

Tout doucement, mon ami le dauphin m'a emmenée et j'ai salué tout le monde, les remerciant sincèrement, les yeux voilés de larmes. L'amour, l'attention et l'harmonie qu'ils démontraient entre eux et m'avaient témoignés étaient extrêmement profonds ; je m'en sentais honorée.

Comme nous nous rapprochions de la planète Terre, nous avons plané un moment au-dessus du globe. De là, mon ami le dauphin m'a montré le réseau de lumière. De la dimension où nous nous trouvions, ma vision en était claire et j'ai vu comment certaines régions de la planète étaient davantage connectées au réseau que d'autres. « Va, maintenant, et partage avec les autres. Parle-leur de la planète d'eau qu'ils peuvent aussi visiter. Transmets tout cela dans ton voyage d'imagerie dirigée et sache que nous vivons vraiment dans des dimensions multiples, même si nos corps ne semblent habiter que l'une d'elles. »

Avec ces dernières images-pensées, mon ami m'a dit au revoir et m'a indiqué que je pouvais retourner là où mon voyage s'était amorcé et que lui retournerait là où le sien avait commencé, à la plage secrète.

Quelques instants plus tard, j'ai repris conscience du futon sur lequel j'étais allongée et de ce qui m'entourait dans la maison. J'étais transportée de sentir la subtilité qui reliait ma vie éveillée, ordinaire, et ma vie d'après l'imagerie.

J'ai compris que la coïncidence entre le rêve dans lequel le dauphin m'avait projeté des ultrasons de son sonar et le voyage d'imagerie dirigée décrit par Lana Miller dans son ouvrage m'amènerait à produire une série de cassettes. Je savais également qu'il ne s'agissait pas seulement d'un rêve. Ces expériences relevaient d'une vérité plus profonde. Elles indiquaient le point de jonction dans la vie où la réalité et la fiction se touchent et cocréent de nouvelles réalités.

Don et moi avons produit une série de voyages d'imagerie dirigée que nous avons enregistrés sur cassettes. Nous avons retenu les sujets suivants : le voyage hors du temps, la création ou l'approfondissement d'une relation spirituelle, la guérison, la manière de vivre pleinement, l'éveil holographique, la guérison de la Terre, et la conscience des dauphins. Alors que j'écrivais le texte de *Quantum Imaging* de la série *Mind Journeys*, Don composait la musique. La production et l'enregistrement correspondaient tout à fait à nos capacités et à notre niveau d'expertise. Grâce à l'enregistrement de ces voyages, dans lesquels nous nous fondions totalement, nous touchions des états d'être subtils que nous adorions.

Un après-midi, tandis que nous travaillions aux cassettes, notre voyageur du temps téléphona et nous invita à une réunion. Il voulait nous présenter le docteur Rod Newton, qui créait un cours rendant accessible à tous la possibilité d'accomplir des miracles au quotidien.

En un rien de temps, nous étions en route pour participer à une rencontre magique.

Chapitre 27

En approchant de l'endroit où se tenait la rencontre, je pressentais que nous entrerions dans un nouvel univers. Les deux couples que nous avions rencontrés lors de notre premier atelier du voyage hors du temps à l'institut Rim étaient aussi présents. Nous étions tous les six passionnés par le SE-5 – l'appareil qui produisait des miracles –, nous aimions tous le travail dans les dimensions intérieures et enseignions tous des procédés relatifs aux dimensions subtiles.

Cette rencontre s'est révélée magique. En compagnie du docteur Rod Newton, de Moray B. King et de notre voyageur du temps, nous avons discouru sur la nature de l'étoffe de la vie, sur l'état non linéaire du temps et sur la manière d'avoir, en tant qu'êtres humains, accès au Ciel dans notre quotidien.

Rod avait élaboré un programme qui permettrait aux gens de cocréer leur propre version du Ciel sur la Terre. Il traitait de l'apprentissage et de la mise en application de méthodes efficaces pour réaliser les rêves.

Ces rêves pouvaient aller d'installer simplement une porte dans une maison jusqu'à construire toute une maison, et même de recevoir l'illumination.

Le programme avait pour but d'enseigner des méthodes efficaces de cocréation. Comme nous devions le découvrir plus tard, les participants parviennent à créer toutes sortes d'expériences tant matérielles que spirituelles. Les gens se rencontrent une fois par semaine durant cinq semaines, à raison de trois heures par séance, et apprennent les techniques qui constituent la base pour créer n'importe quoi et prendre conscience de l'influence cocréatrice qu'ils exercent sur la vie.

À la maison, les participants travaillent avec des cassettes dix minutes environ tous les matins et tous les soirs et se servent quotidiennement de feuilles de travail. Au fil des semaines, les techniques portent progressivement sur les dimensions plus élevées et permettent à chaque personne non seulement de créer, mais de créer en fonction du but de sa vie, de sa « mission ».

En cela réside la différence la plus profonde entre ce programme et les moyens ordinaires enseignés pour apprendre la manifestation.

Dans ce programme, on nous apprend à vivre en harmonie avec la vie, à découvrir et à actualiser notre raison d'être supérieur. Chaque être recèle un talent et a un rôle à jouer. Quand nous vivons en conformité avec cet idéal supérieur et avec la mission de l'âme, notre attention, notre imagination et nos rêves se mettent au service de la haute essence de la création. C'est seulement lorsque nous coupons le lien avec Dieu, la Source, que nos créations se tournent vers l'ego. Quand nous sommes liés à la Source, Dieu se reflète dans les yeux de Sa propre création. Notre plus grande contribution à l'univers est l'admiration et la joie que nous ressentons lorsque nous percevons la beauté de Dieu manifesté, tout en joignant simultanément le cantique personnel de notre âme à la symphonie et à la beauté de Dieu.

Parfois, en revanche, il n'est pas facile de voir la beauté de la vie, et souvent nous ne savons pas comment réaliser notre premier rêve. Combien de fois ai-je été un « paquet de nerfs » ou ai-je souffert du syndrome prémenstruel, cherchant quand même à être toute radieuse, mais sans y parvenir ?

Dans les mois et les années qui ont suivi, ce programme est devenu la clé de la manifestation de nos rêves – écrire des livres, construire des maisons, enregistrer des disques compacts, nager avec les dauphins. Presque tout ce que j'allais apprendre des dauphins est inclus dans le programme Vivez votre vision. Il allie des notions que Don et moi avions apprises auprès de notre voyageur du temps à des méthodes précises pour apprendre à créer.

Je suis encore émerveillée de la synchronie entre cette connaissance, qui m'était présentée, et la découverte de l'univers des dauphins. Le niveau à partir duquel opèrent les dauphins possède des ressemblances étonnantes avec le travail d'imagerie.

Rod avait terminé en grande partie le programme Vivez votre vision, mais avait encore besoin d'un voyage d'imagerie dirigée pour un des segments. Après une séance de remue-méninges, Don et moi avons produit *Mission in Life*, la sixième cassette de la série *Mind Journeys*, dont une partie allait être utilisée dans le programme Vivez votre vision.

Un jour, en fin d'après-midi, nous avons présenté le voyage au groupe. La musique que Don avait composée précédemment était absolument incroyable et ma voix calme a guidé le groupe dans ce voyage intérieur. La musique s'harmonisait parfaitement bien avec chacune des étapes et je me sentais guidée par un courant invisible.

« Prenez d'abord une respiration profonde et détendez-vous dans votre fauteuil... En pensée, laissez-vous monter lentement jusqu'à ce que vous flottiez au-dessus de la planète... Vous montez haut, encore plus haut, dépassant les planètes de notre système solaire... Vous dépassez la Voie lactée... et même d'autres galaxies... Vous allez loin, très loin, au-delà de tout espace connu... Jusqu'à ce que vous arriviez dans la dimension "du lieu du grand dessein"...

« Ici, vous trouvez une paix absolue, un lieu d'où le temps vous apparaît dans son entier... Vous commencez à percevoir dans sa totalité votre incarnation sur la Terre... Comment vous apparaît-elle ? Que cherchez-vous à apprendre ? Que cherchez-vous à exprimer ? Laissez à vos réponses le temps de pénétrer votre entendement et continuez à respirer calmement...

« Quel est l'idéal le plus élevé pour vous dans cette vie ? Où en êtes-vous maintenant ? Y a-t-il quelque chose que vous désirez être, faire ou vivre ? Dès qu'une sensation ou un sentiment s'annonce, honorez-le, quel qu'il soit…

« Quelle couleur pourrait refléter ce sentiment ? Une image ou un symbole apparaît-il ? Allez profondément en vous-même… et ressentez la sagesse de votre âme. Vivez-vous en conformité avec votre idéal le plus élevé ? Comment vous sentiriez-vous si vous viviez en parfait accord avec votre idéal et votre essence profonde ? Permettez-vous d'accueillir pleinement cette expérience en vous… et laissez ce sentiment baigner tout votre être, intensifiant en vous la couleur ou l'image qui représenterait le mieux l'expression de votre idéal le plus noble. Prenez tout le temps dont vous avez besoin ou que vous souhaitez pour vivre cette expérience… elle est précieuse.

« Et lorsque vous êtes prêt à exprimer cette harmonisation avec votre idéal dans cette vie, envolez-vous tranquillement vers le monde des formes, vers l'univers d'où vous venez… Vous apercevez les galaxies multicolores passer tandis que vous vous dirigez vers celle qui vous est familière, la Voie lactée, vers votre système solaire. Et puis, vous voyez la planète bleue… la troisième la plus près du Soleil… la planète Terre.

« Et comme vous vous tenez au-dessus de la planète Terre, vous projetez le sentiment de vivre en accord avec votre idéal… Vous prenez l'image, la couleur ou le sentiment qui représente votre idéal et vous le lancez sur un faisceau lumineux, vers votre corps sur la planète Terre. Il commence à vibrer dans votre cœur… et vous ressentez la sagesse que vous rapportez de ce voyage, que vous en soyez conscient ou non. »

La mélodieuse musique en est lentement venue à sa fin et chacun a commencé à s'étirer. Les sourires intérieurs remplissaient la pièce et je pouvais sentir qu'une sagesse accrue en imprégnait l'air. Alors que certains participants partageaient leur expérience avec le groupe, une corde sensible a vibré en chacun de nous. Nous étions venus ici pour apprendre à aimer et à offrir cet amour. Cela paraissait simple.

Dans cette leçon d'amour, nous possédons tous quelque chose de précieux que nous désirons partager et qui se camoufle souvent derrière nos désirs et nos intérêts personnels. Dans mon cas, c'était de travailler avec les dimensions de l'imagination, de découvrir les lois universelles et le reflet de Dieu en elles. Pour d'autres personnes, cela signifiait le désir ou la possibilité de travailler avec les enfants, de guérir ou de composer de la musique pour permettre aux individus d'entendre l'écho de l'harmonie des sphères.

C'était merveilleux d'écouter les commentaires de certains des participants parce que beaucoup de leurs observations me rejoignaient. Quelle bénédiction de pouvoir trouver autant de sagesse dans mon propre cœur, une sagesse que les mots ne parviendraient jamais à décrire parfaitement. C'était cette profonde sagesse et cette force que Rod Newton cherchait à introduire dans le quotidien en créant le programme Vivez votre vision.

Rod cherchait à connaître les réactions que susciterait le programme. Dans cet esprit, il nous avait demandé de l'enseigner à nos amis en rentrant chez nous afin de déterminer quels changements devaient y être apportés. Une des raisons de cette rencontre était de nous préparer à enseigner. Nous n'aurions jamais pu imaginer les effets merveilleux que le programme allait apporter à notre vie.

Il nous restait encore quelques jours à passer au sein de cette communauté de « rêveurs » et nous étions dans un état d'émerveillement. La nuit qui a précédé notre départ, une révélation extraordinaire m'a été faite en rêve.

Chapitre 28

Au cours de la journée précédente, lors de notre séance de remue-méninges, nous nous étions demandé ce qui rendait possibles des phénomènes comme la « manifestation ». L'énergie point-zéro, comme la décrit Moray B. King dans son livre *Tapping the Zero-Point Energy,* offre des indications sur la nature de notre univers et place l'imagination au point de jonction des dimensions.

Je crois que ces réflexions ont stimulé en moi le désir de comprendre les mécanismes profonds de l'univers et qu'elles ont peut-être engendré le rêve que j'ai fait cette nuit-là. Nous nous étions retirés pour la nuit, Don et moi, dans un état d'émerveillement et d'admiration. La voûte limpide et étoilée s'étendait dans l'immensité de la nuit, dépassant les limites de notre compréhension.

« Qu'y a-t-il au-delà des limites du temps et de l'espace dans lesquelles baigne notre univers physique ? » nous demandions-nous.

En allant dormir, j'ai retenu la question dans mon esprit, une habitude que j'ai prise chaque fois qu'une réponse à une question reste consciemment hors de ma portée.

Dans mon rêve, je me suis soudain retrouvée flottant quelque part, dans l'espace infini du cosmos. L'image brillante d'un tore est passée devant moi. Il ressemblait à une fontaine repliée sur elle-même, nourrissant ses propres racines, comme un beigne au centre très étroit.

Une voix subtile me dit alors que c'était l'image de Dieu, visible. Le « beigne » n'était pas constitué de matière solide, mais plutôt de lignes d'énergie ou de lumière. En son centre, un tunnel étroit marquait le point de transition entre le trou noir et le trou blanc.

Tout ce qui existe est avalé dans le trou noir, qui attire toute chose en lui-même, dans le néant, et puis, de ce vaste espace vide, tout est éjecté à nouveau par le trou blanc, comme une fontaine de lumière.

C'est ainsi que toutes les choses se manifestent et se dissolvent à nouveau. Tel un cycle continu de vie et de mort. La conscience arrive à survivre à la transition, mais elle est modifiée par l'expérience précédente.

J'ai vu comment l'imagination donne forme à cette masse de lumière émanant du trou blanc. Le processus de transformation par l'imagerie, comme nous l'avions appris du voyageur du temps, retrace par les sentiments et les images tout événement négatif jusqu'à sa racine. C'est là que se trouve le point de transition où le trou noir devient le trou blanc et où s'opère la véritable transformation. Cela est possible parce que toute ombre porte en elle un potentiel positif. N'est-ce pas merveilleux ?

Tous les trous noirs deviennent, à leur extrémité, des trous blancs, et tous deux font partie de la forme toroïdale, le corps de la création. Notre voyageur du temps nous répétait souvent que toute chose, si noire qu'elle puisse paraître, porte en elle une intention positive.

Grâce à la transformation par l'imagerie, nous pouvons passer d'une dimension à une autre. Une fois que nous mettons le doigt sur quelque chose – un sentiment, un événement ou un objet –, nous pouvons retracer ses racines jusqu'au trou noir, d'où il sera éjecté et manifesté à nouveau par le trou blanc. En nous servant de la transformation par l'imagerie, nous pouvons suivre le mécanisme naturel de croissance et avons la possibilité de contourner l'espace et le temps linéaires pour aller *directement* au centre du tore.

À la suite de ce rêve, j'ai compris l'effet de l'« entropie ».

La circulation d'énergie tend naturellement à se ralentir. Un wagon de train finira par s'arrêter s'il n'est pas poussé ou tiré par une locomotive. De même, les pensées ralentissent jusqu'à ce qu'elles se solidifient dans la matière et deviennent manifestes. Si ce processus se produit rapidement, nous l'appelons un miracle, s'il se produit à une vitesse moyenne, nous l'appelons une coïncidence, s'il arrive lentement, nous l'appelons la « vie ».

L'entropie est en partie une bénédiction puisqu'elle génère la manifestation, la création telle que nous la connaissons. Et pourtant, c'est également elle qui rend la vie difficile, puisqu'il nous faut constamment lutter contre cette force. La poussière s'accumule si nous n'époussetons pas. Ce processus de nettoyage, c'est la conscience en action, et on l'appelle la force « syntropique ». Elle prend quantité de formes, se retrouve dans quantité de manifestations et de niveaux d'expression, mais, au fond, cette force stimule l'expansion de la vie.

Chaque matin, lorsque nous nous réveillons, nous devons faire un « nettoyage de conscience ». En vertu de notre concentration, nous créons les formes ou les moules dans lesquels coule l'essence de l'univers. *À moins que nous polissions ces moules dans des formes toujours en expansion, à moins que nous nettoyions la demeure de notre propre conscience, la force d'entropie compostera nos créations et nous avec elles.* Notre devoir consiste à devenir toujours plus universel dans notre conscience, à devenir un miroir toujours plus éclatant pour Dieu. Sur cette corde raide, nous trouvons l'équilibre entre l'entropie et la syntropie, les deux amants de la création de Dieu. Le résultat en est une conscience accrue.

Plus notre point de vue est élevé dans la création, plus notre vision peut embrasser ce qui se situe plus « bas ». Ce qui nous apparaissait précédemment divisé en négatif et en positif devient une partie de l'échiquier de la Vie. Les cases blanches et noires appartiennent au même damier.

Les trous noirs et les trous blancs constituent ce que les scientifiques appellent la « mousse quantique ». Cette mousse est organisée selon une forme toroïdale, souvent représentée par la figure mathématique de l'infini : le chiffre huit à l'horizontale [∞].

Comme j'ai été stimulée dans ma compréhension par ce rêve ! Cela dépassait tout ce que j'aurais pu imaginer et mon respect pour le « travail d'imagerie » ne faisait qu'augmenter. Cela semble tellement simple de l'extérieur, que même les enfants peuvent l'apprendre. Pourtant, *c'est* véritablement la clé cachée que bien des gens souhaitent trouver.

Après avoir raconté mon rêve à Don le lendemain matin, je l'ai partagé, ainsi que la compréhension qui en avait découlé, avec notre groupe, qui l'a reçu avec des signes de tête enthousiastes. Les répercussions de cette découverte nous exaltaient et nous comprenions que *ce* que nous croyons possible détermine nos prétendues limites. En vérité, la vie est un océan en perpétuelle expansion constitué de nouvelles limites et d'autres frontières. Dans notre groupe de libres-penseurs, nous créions un champ d'expression pour notre futur potentiel humain.

Dans notre culture, nous mettons trop l'accent sur la pensée cognitive, qui ne permet qu'un déroulement très linéaire du temps. C'est elle qui nous empêche d'interagir plus profondément avec la Vie.

Moray associe la pensée strictement rationnelle, si estimée par la science, au fait de voir la Vie comme ceux qui croient que la Terre est plate. Alors que nous étions tous engagés à discuter d'un « modèle » plus neuf de l'univers, Moray a démontré son principe de « terre plate ». Il nous a demandé de percer deux trous dans une feuille de papier et de tenir celle-ci d'une main, à l'horizontale, à quelques centimètres au-dessus de la table. Puis, il nous a invités à introduire un doigt de l'autre main dans chacun des trous et à prétendre que nous vivions sur une terre plate où notre vision ne s'étendait qu'entre la surface de la table et la feuille de papier. Lorsque nous avons commencé à décrire ce que nous voyions, nous avons tous éclaté de rire, chaque description étant plus drôle que la précédente. « Deux colonnes de chair suspendues ou deux saucisses similaires, mais différentes, qui descendaient de nulle part. » Et d'autres analyses encore. Personne ne pouvait voir que ces deux doigts appartenaient à une seule main parce que, de cette perspective, on ne pouvait accepter que l'information qui apparaissait entre la surface de la table et la feuille de papier. En réalité, les deux colonnes de chair étaient toutes deux reliées à la même main, mais c'est la personne dont la conscience est limitée à la notion de terre plate qui n'arrive pas à saisir la perspective de la troisième dimension.

Nous, humains, ressemblons à ces gens qui croient que la Terre est plate. La plupart de nos institutions scolaires en Occident ont renié, ridiculisé même, toute perception à partir d'autres dimensions que celle du monde physique connu. Lorsque nous pensons à quelqu'un et que cette personne nous téléphone, nous mettons cela au compte de la « coïncidence ». En réalité, nous avons établi le contact dans une autre dimension et vivons cette communication à une vitesse plus rapide que celle de la lumière. L'appel téléphonique est le résultat d'une interaction qui s'est produite dans une autre dimension.

Lorsque nous acceptons l'idée selon laquelle nous existons dans plusieurs dimensions et prenons des décisions influencées par des réalités situées au-delà de notre pensée logique, nous pouvons alors reconnaître les forces sous-jacentes à notre vie et coopérer avec elles. Créer la magie dans notre vie dépend de notre degré d'interaction consciente avec une réalité multidimensionnelle.

Cet après-midi-là, nous avons quitté les membres du groupe ravis par la portée profonde de ce travail d'imagerie.

Chapitre 29

Les deux mois qui ont suivi cette rencontre se sont révélés plus intéressants que je ne l'avais prévu. Don et moi avons entrepris d'enseigner le programme Vivez votre vision. Nous avons rassemblé quelques amis et nous leur avons offert le cours au prix coûtant. Nous nous rencontrions un soir par semaine et mettions en pratique les méthodes développées. Nous avons commencé à rêver et à exprimer nos espoirs, et nous avons appris à identifier ce que nous aimions et ce qui avait de la valeur pour nous. Par le biais de sentiments et d'images, nous nous sommes aventurés en imagination vers la pleine expression de notre idéal.

Tous les jours, nous nous exercions à utiliser le langage des métaphores, de la pensée subconsciente, et à nous modeler d'après les conseils de nos guides intérieurs, ces êtres qui nous aident à manifester nos rêves. Si jamais j'avais entretenu le moindre doute à l'effet que des êtres imaginaires peuvent réellement accomplir ce travail, ce scepticisme était cette fois-ci complètement dissipé : c'était comme si nous avions embauché des petites fées pour nous aider.

Nous avons appris le pouvoir de créer *en partant de la fin*. Et comme pour accentuer la puissance contenue dans cet exercice, j'ai rencontré « par hasard » un chercheur au cours d'une exposition de pierres précieuses à Seattle, peu après que nous avions commencé à appliquer cette méthode. Alors que nous contemplions un cristal datant d'un milliard d'années, il m'a communiqué une nouvelle façon « radicale » de résoudre un problème.

Il m'a expliqué le procédé de la manière suivante : « Pour découvrir la réponse à une question ou une solution harmonieuse à un problème, vous commencez par la fin. En utilisant votre imagination,

vous vous placez à la fin, là où le problème est réglé, puis vous consi-
dérez l'étape précédente qui a mené au résultat positif. Vous continuez
ainsi, en allant à rebours dans le temps, jusqu'à ce que vous arriviez
au moment où vous avez formulé la question. »

Quelle confirmation ! Je venais tout juste d'étudier cette méthode
avec notre groupe d'étude et j'appréciais énormément les résultats.
J'avais l'impression que la connaissance ancestrale contenue dans ce
cristal millénaire avait déclenché cet échange. Peut-être y a-t-il un
fondement au précepte selon lequel le commencement se trouve dans
la fin et la fin, dans le commencement.

Ce chercheur a admis à regret que ce genre de savoir, bien qu'appliqué par quelques scientifiques de pointe, prendrait sans doute des
décennies avant d'être communément accepté de tous – si jamais il
l'était.

Nous avons appliqué cette méthode dans notre vie personnelle en
suivant d'abord nous-mêmes le cours Vivez votre vision. Par exemple,
nous avons fait semblant de regarder le film de notre vie comme si
cette dernière avait été une réussite jusqu'à la fin. Lorsque j'ai écrit
mon propre éloge funèbre, je m'en suis donné à cœur joie. J'étais
devenue une célèbre auteure, une enseignante et une conférencière,
partageant de tout mon cœur des méthodes qui avaient aidé des
humains à avancer sur le sentier les menant à l'Unité avec la source et
à devenir des cocréateurs conscients du Ciel sur la Terre. Il était bon de
sentir que je me laissais devenir tout ce à quoi j'aspirais.

Tous les matins et tous les soirs, nous écoutions les cassettes du
cours dans le but d'implanter ces nouvelles habitudes en nous. C'était
merveilleux de terminer la journée en libérant notre esprit des vieux
soucis et des problèmes non résolus. Nos buts et nos rêves commençaient à affluer.

Un des buts de Don durant le cours Vivez votre vision était d'écrire un livre sur le SE-5. Dans son travail d'imagerie, il a inclus l'image de se voir en train de vendre le livre au prochain congrès où nous étions invités à nous adresser aux participants. Il a employé la métaphore que son subconscient lui avait présentée pour le projet déjà achevé, celle d'un aigle en vol. Lorsqu'enfin il a pu terminer le livre en question, le faire imprimer et l'avoir en main pour le vendre au congrès, nous en étions tous les deux abasourdis : tout cela s'était fait en cinq semaines, un véritable record !

Pendant un des cours ultérieurs de Vivez votre vision que Don et moi avons donnés, j'ai décidé que le sous-sol de notre maison devait être aménagé. Nous attendions des invités dans notre nouveau dôme géodésique et nous avions besoin d'un espace privé pour les accueillir. Don a essayé en vain de m'en dissuader, sachant quels efforts cela exigerait et quel miracle il faudrait pour terminer une partie du projet en cinq semaines. J'ai persisté à vouloir une chambre d'amis, et il ne restait qu'une semaine avant l'arrivée de nos invités. Ma métaphore consistait en des ballons accrochés au mur. Les ballons représentaient le projet terminé et la fête que je donnerais pour l'occasion.

Dans le sous-sol s'entassait notre débarras sur cent trente-neuf mètres carrés d'espace. Même l'ouvrier que j'avais fait venir pour un devis était sceptique. « Eh bien, ai-je pensé, nous pouvons toujours essayer. » Don a donné son accord et nous avons commencé les travaux. Je ne parviens toujours pas à comprendre comment tout s'est accompli en si peu de temps, vu l'énorme travail et le temps que nous avions mis pour la construction de la partie supérieure de la maison. Mais voilà qu'en *sept jours* les cloisons sèches étaient en place dans toutes les chambres. Les joints étaient tirés, le ponçage des murs et la peinture terminés, la moquette posée et les portes installées. Inutile de dire que nous avons donné une fête à la fin du séjour de nos invités.

Eldon Byrd, notre invité, avait été un ami d'Uri Geller, célèbre —

entre autres talents peu orthodoxes – pour sa capacité à plier le métal. Eldon avait appris cet art, et au cours de la fête, il a proposé de nous montrer comment nous y prendre. Nous nous sommes aussitôt précipités dans les magasins d'occasion de l'île pour acheter toutes les cuillères et fourchettes bon marché que nous pouvions trouver.

Tous ceux qui étaient là voulaient apprendre à plier le métal, même les incrédules les plus endurcis du groupe. Chacun s'est muni de plusieurs cuillères et fourchettes sur lesquelles il allait s'exercer. Eldon nous a amenés à un état de relaxation. Lentement, nous nous sommes détendus en respirant profondément, sentant le poids de notre corps reposer sur la chaise, au fur et à mesure qu'Eldon nous dirigeait dans la visualisation des images qu'il nous proposait. Sa voix calme nous guidait.

« Imaginez que vous sentez les paumes de vos mains devenir de plus en plus chaudes, l'énergie se dégage de votre cœur, coule dans vos bras et remplit vos mains… Imaginez un soleil au-dessus de votre tête, et laissez la chaleur et la force du soleil pénétrer vos bras et rayonner à travers vos mains. Sentez la luminosité et l'intensité s'accroître… »

Au point culminant de cet exercice d'imagerie, Eldon nous a dit de crier : « Plie ! Plie ! Plie ! » et j'ai vu l'incroyable résultat de mes propres yeux. Les fourchettes et les cuillères pliaient dans les mains des gens. Le métal commençait à ressembler à du beurre, et nous nous sommes mis à sauter, à rire et à crier de joie. C'était vraiment merveilleux d'observer comment nous avions brisé les lois physiques que nous tenions pour acquises, et ce, à la vue de tous.

Collectivement, nous avions osé être différents. Ensemble, nous avions créé un espace sûr où nous pouvions être autres tout en restant les mêmes. Cet espace collectif nous enveloppe et nous tient en un tout uni. Du même coup, c'est aussi une cause majeure de limitation dans notre développement personnel. Nous portons tous un désir profond et un besoin viscéral d'appartenance, de ressemblance à ceux qui nous entourent. Si nous n'imitions pas les comportements de notre entourage social, nous ne parlerions pas la même langue, n'emploierions pas le même langage subtil du corps et les mêmes expressions faciales. En d'autres termes, nous ne pourrions pas nous comprendre. Il nous faut honorer cette force sociale. D'une part, elle nous garde disciplinés et nous protège d'une trop grande diversité, ce qui peut nous paraître comme une limitation, mais d'autre part, elle nous offre la sécurité et assure notre survie physique et émotionnelle.

Cependant, les histoires qu'Eldon nous avait racontées avant la séance de visualisation dirigée nous avaient convaincus. D'autres personnes avant nous, avait-il dit, certaines ayant une réputation irréprochable, avaient aussi réussi à plier le métal. Notre subconscient avait dû déduire qu'il était acceptable pour nous d'en faire autant. Seule une personne avait dit ne pas y arriver. Cet homme avait d'ailleurs été le plus méfiant, le plus sceptique. Il était déçu et se sentait pourtant justifié. Le plus triste était que son attitude critique avait limité ses capacités d'imagerie, bien qu'une partie de lui-même ait voulu changer. Juste comme il s'apprêtait à partir et nous disait au revoir, jouant encore avec sa fourchette, il s'est soudainement écrié : « J'ai réussi, j'ai réussi ! » Il avait enfin lâché prise et, dans cet abandon, résidait le pouvoir de créer un changement.

Cet apprentissage de *lâcher prise* fait partie du programme Vivez votre vision. Lâcher prise mène au « point-zéro », là où la force de création pénètre dans notre dimension. Il est intéressant de remarquer comment les choses se produisent au moment où finalement nous sommes détachés de toutes nos attentes. Lâcher prise est le secret.

Don et moi adorions la méthode Vivez votre vision. En plus de concrétiser des réalités objectives, comme le livre sur le SE-5 et la chambre d'amis, nous avons également employé les mêmes processus dans notre approche des dimensions subtiles. Nous avons axé notre attention sur notre relation, notre vie amoureuse, nos rêves conscients et nos états d'extase et de félicité.

Nous étions stupéfaits : notre vie coulait d'une façon plus harmonieuse qu'elle ne l'avait jamais fait avant et un sentiment profond d'autosatisfaction s'installait en nous. Nous goûtions les résultats souhaités et accomplissions les buts visés. Les résultats s'avéraient tellement convaincants que j'ai décidé de traduire le programme en allemand et de commencer à former des instructeurs en Allemagne. Ainsi, je participais au désir de mon âme de donner quelque chose en retour à la culture dans laquelle j'avais grandi.

Nous voulions aussi enseigner la version anglaise d'une façon plus élaborée, mais il y avait un léger problème : je n'aimais pas la voix de la femme que Rod avait choisie pour l'enregistrement. Don, ainsi que d'autres participants, étaient aussi du même avis. Le ton de sa voix était trop aigu à mon goût et il m'était ainsi difficile de me détendre. Après beaucoup d'hésitations, nous avons décidé de dire à Rod que le programme était excellent, mais que la voix féminine n'était pas très agréable. Il a acquiescé, car ce n'était pas la première fois qu'il entendait ce commentaire, et il a accepté de refaire l'enregistrement.

Comme Noël approchait et que j'avais terminé la traduction du matériel dans ma langue maternelle, j'étais prête à enregistrer la version allemande des cassettes Vivez votre vision. Rod assista à l'enregistrement et écouta ce qui devait lui sembler du babillage, car il ne comprenait pas l'allemand. Toutefois, il apprécia le timbre de ma voix et, dans un moment d'inspiration, décida de doubler ma voix sur l'enregistrement en anglais. C'était la veille de Noël, et nous étions là, dans le studio, en train d'enregistrer la version anglaise du programme. En Allemagne, ma famille et moi aurions été réunis autour de l'arbre pour chanter de vieux cantiques de Noël où il aurait été question d'anges et de miracles.

Peut-être les anges ont-ils apprécié nos efforts et béni l'enregistrement des cassettes, car elles semblent en effet contenir un élément magique.

Chapitre 30

Le temps des Fêtes est passé et la nouvelle année portait en elle de nouveaux projets créateurs. Heureusement, dans le nord-ouest des États-Unis, le printemps commence très tôt et dure longtemps. En février, les jeunes pousses apparaissent déjà sur les buissons, telle une promesse de journées d'ensoleillement plus longues, et l'on sent dans l'air un regain de vie.

Le programme Vivez votre vision était bien établi. Dans notre cours, en début de printemps, Don et moi avons choisi l'image de nager avec les dauphins pour représenter notre prochain objectif. Il nous fallait trouver le moyen de payer nos impôts, d'acheter les billets d'avion et d'avoir de l'argent de poche durant notre séjour à Hawaii. Nous devions aussi créer en nous l'espace émotionnel pour attirer les dauphins.

Vers la moitié du cours, nous avons « miraculeusement » obtenu les fonds nécessaires pour payer nos impôts. Et vers la fin, nous avions les ressources additionnelles pour payer notre voyage à Hawaii. C'est aussi durant ce cours que Don a décidé de se perfectionner en dessin. Il se sentait plutôt enfantin avec ses dessins en bâtons d'allumettes et désirait améliorer son style artistique.

Rétrospectivement, je vois à quel point son désir faisait partie d'un plan beaucoup plus vaste, bien qu'à l'époque je n'aie pas été convaincue de son utilité. Mais plus tard, Don allait créer le dessin de notre campagne publicitaire nationale et concevoir les couvertures de nos disques compacts et de nos livres. Il avait donc besoin de développer ses talents artistiques et c'est peut-être sous la sage inspiration de son « moi supérieur » qu'il s'est décidé d'apprendre à dessiner. Quelle qu'en soit la raison, il a ajouté le dessin à ses buts.

Il se trouvait justement que notre voyageur du temps avait annulé un atelier d'imagerie d'une semaine qu'il devait tenir avec nous. Nous avions prévu diriger un groupe de personnes en les amenant vers le passé pour les aider à modifier de vieux schémas et à guérir des blessures cachées rattachées à des liens familiaux ou remontant à des vies antérieures. Pour la circonstance, nous avions réservé un centre de retraite bouddhiste et avions réglé les frais à l'avance afin de garantir notre réservation. En vertu de notre engagement, nous devions respecter nos obligations, si bien que Don et moi sommes restés durant cinq jours en compensation de l'annulation. Ce temps libre arrivait à point. En approchant des montagnes brumeuses du sud de l'État de Washington, nous respirions plus profondément. L'énergie apaisante des pins nous enveloppait et la vie simple des chalets rustiques nous invitait à nous détendre et à nous sentir en paix immédiatement. Les repas végétariens pris en commun avec les résidents du centre et tout le temps voulu pour méditer nous offraient l'occasion de ralentir notre rythme. Quantité de petites choses ont de nouveau commencé à prendre une plus grande importance.

Je me rappelle m'être promenée un soir sur une petite colline au moment où la lumière du soleil couchant nimbait les nuages de merveilleuses nuances roses. Un petit lac s'étendait devant moi, l'herbe était encore trempée par la fine pluie tombée en début d'après-midi et les oiseaux avaient entonné leurs louanges du soir. Un grand pin sombre se dressait sur ma gauche et la brume se levait petit à petit sur le lac. Un nuage rosé au-dessus avait pris la forme d'un disque plat ovale et me donnait l'impression de flotter dans une autre dimension.

D'un coup, je me suis rendu compte que cette image ressemblait à l'image symbolique que j'avais choisie dans le cours Vivez votre vision pour représenter le voyage dans les dimensions subtiles afin de prendre contact avec mes mondes intérieurs. Par « hasard », nous avions été contraints de prendre ce temps de répit, étant donné que nous étions responsables d'une partie des frais de l'annulation. Et voilà donc qu'après des jours de tranquillité, ma vision intérieure recevait le repos dont elle avait besoin. Non seulement j'avais vécu cette expérience, mais j'avais aussi eu l'occasion de voir ma métaphore « vivante » devant moi. « Ce sur quoi vous vous concentrez devient une réalité », nous avait rappelé maintes fois notre voyageur du temps, et comme c'était vrai !

Ce programme était vraiment miraculeux !

Pour répondre au désir de Don d'apprendre à dessiner, nous avions apporté avec nous le livre de Betty Edwards, *Dessiner grâce au cerveau droit,* et Don suivait les instructions pas à pas. Son premier dessin allait lui servir d'étalon pour refléter son niveau. Il a dessiné mon portrait : un cercle représentait ma tête, deux petits cercles, mes yeux, de longues lignes autour de ma tête, mes cheveux. On ne pouvait pas dire que cela me ressemblait beaucoup, mais c'était un début !

La surprise est survenue deux jours plus tard lorsqu'il est passé des bonshommes-allumettes à des portraits complets. À la fin de notre séjour, quand il a fait son dernier portrait de moi, je n'en croyais pas mes yeux. J'étais là sur une feuille de papier, avec des ombres et une expression de profonde réflexion. Toutes les proportions reflétaient parfaitement bien mon visage, et les clairs-obscurs lui donnaient la souplesse de la vie. J'arrivais à peine à croire que ce dessin était l'œuvre de Don, qui était devenu, en effet, un véritable artiste. Mes progrès égalaient les siens, sauf qu'au départ je me débrouillais déjà assez bien en dessin puisque c'était mon passe-temps à l'adolescence. Autant il s'améliorait de son côté, autant, du mien, je développais mes talents artistiques. Nous étions étonnés de nos progrès.

Au début de son livre, Betty Edwards mentionne qu'une transformation miraculeuse se produira si l'on suit ses conseils étape par étape. Dans les premières pages, elle montre des portraits dessinés par des étudiants *avant* et *après* avoir suivi son cours. Nous pensions qu'elle avait sans doute choisi les meilleurs exemples et que certaines personnes obtiendraient, évidemment, des résultats aussi spectaculaires, mais nous ?

Betty Edwards a découvert que si nous apprenons à utiliser l'hémisphère droit du cerveau, nous améliorons radicalement nos capacités. Son approche me rappelait la méthode du docteur Rod Newton, Vivez votre vision. Il avait utilisé cette approche pour aider les gens à découvrir, d'une étape à l'autre, les ressources cachées de l'hémisphère droit du cerveau et à les mettre en pratique au quotidien. Les étudiants apprennent à parler à cet hémisphère droit et à lui fournir des images métaphoriques pour créer virtuellement tout ce qu'ils veulent.

Les résultats de la méthode proposée par Rod Newton sont aussi étonnants que les photos « avant et après » dans le livre de Betty Edwards. Pourquoi n'enseigne-t-on pas encore tout cela dans nos écoles ? Pourquoi met-on tant l'accent sur la pensée linéaire, séquentielle ? Pourquoi n'avons-nous pas appris ces méthodes de nos ancêtres ? Les Amérindiens ont su parler aux pierres et aux arbres, et la terre parlait avec sagesse à leur cœur. C'est par cette forme d'écoute que nous pouvons espérer vivre en harmonie avec la vie.

La pensée des Amérindiens nous a rappelé une femme participant à un de nos séminaires. Nous avions été enseignants durant le séminaire en question, en collaboration avec notre voyageur du temps, et nous étions restés en contact avec ces personnes.

Des semaines après le séminaire, cette femme nous raconta l'histoire suivante : elle sortait avec un agent immobilier qui, depuis deux ans, essayait désespérément de vendre un terrain situé dans l'Utah. Elle lui parla des effets que déclenche le travail d'imagerie dans les dimensions intérieures, et il se montra intéressé de voir ce qu'elle pouvait faire avec ce terrain. En pensée, elle se rendit à son Havre de Paix intérieur et fit appel à la présence de son Moi intérieur lumineux. Dans son sentiment, elle engloba le terrain comme si c'était un être vivant doté d'une voix et de désirs personnels. Par son imagination, elle posa des questions à l'âme du terrain, qui lui répondit se sentir dépréciée, méprisée et déshonorée parce qu'on la traitait comme un objet. Elle n'avait été écoutée de personne depuis très longtemps et elle avait réussi à bloquer les agents immobiliers et leurs projets. La femme, la percevant bien, lui demanda ce dont elle avait besoin pour se sentir respectée et si elle accepterait un projet visant à construire des maisons autour d'un petit lac artificiel.

L'âme du terrain lui communiqua le message selon lequel elle voulait être reconnue pour les buts et les possibilités supérieurs qu'elle possédait au cœur même de son essence. Elle voulait être célébrée au cours d'une cérémonie à laquelle les nombreux esprits qui y vivaient seraient convoqués et pendant laquelle elle leur demanderait leur coopération et leur participation en créant un lieu plus noble où les gens pourraient vivre.

La terre possédait une voix et désirait que ses sentiments soient reconnus. Ces concepts sont tout à fait étrangers à la plupart des Occidentaux, mais cette femme avait constaté l'efficacité du processus d'imagerie dans sa vie. Elle savait que son imagination travaillerait selon le principe holographique et porterait ses fruits dans la matière, et elle s'était sentie très redevable de posséder cette connaissance. Par la suite, elle tint la cérémonie sur le terrain et communiqua, par son imagination, avec les esprits qui y vivaient. Elle implora leur permission et leur aide, tout en les révérant, ce qui était peut-être là une première depuis que les Blancs s'étaient installés dans la région. La terre et ses esprits se sentaient honorés et acceptaient de participer à l'élaboration du projet.

Bien que son ami ait été un être peu porté à croire au surnaturel, il ne put ignorer la « coïncidence » lorsque la propriété se vendit immédiatement et il s'inscrivit au prochain séminaire.

Avec cette idée en tête, j'ai décidé un jour de voir ce que je pouvais faire pour répondre à la situation critique des dauphins. À l'époque, les bulletins de nouvelles laissaient entendre que les pêcheurs n'hésitaient pas à massacrer les dauphins pour attraper de plus en plus de thons. J'avais déjà boycotté le thon, cependant, je sentais que je pourrais peut-être pénétrer les dimensions subtiles pour venir en aide aux dauphins.

Chapitre 31

Le désir d'aider les dauphins d'une manière ou d'une autre me tenait à cœur depuis que notre voyageur du temps nous avait raconté la transformation du nuage gazeux orange en « jeux pacifiques ». Finalement, par un bel après-midi, j'ai senti que le temps était venu. Une irrésistible et chaleureuse impulsion m'a incitée à m'asseoir sur notre balcon, face au détroit de Puget Sound, au nord de Seattle.

De grosses baleines grises y nageaient dans la baie, ce qui n'arrivait que rarement, et leur présence me réjouissait beaucoup. Tôt ce matin-là, nous avions entendu la respiration des baleines qui soufflaient par leur évent. La colonne de vapeur jaillissait du sommet de leur tête telle une fontaine et le bruit était suffisamment fort pour nous tirer du sommeil.

J'ai alors commencé à réfléchir au monde des cétacés. Les baleines et les dauphins appartiennent à la même famille et même les dauphins sont souvent appelés des « petites baleines ». Ce sont des mammifères à respiration pulmonaire qui donnent naissance à leurs petits comme les humains, qui les nourrissent grâce à leurs mamelles, et s'occupent d'eux jusqu'à ce qu'ils aient appris les rudiments de leur langage et acquis l'habileté nécessaire pour interagir avec les leurs et se nourrir eux-mêmes.

Leur capacité de communiquer progresse avec l'âge et la maturité. John Lilly a tracé la courbe du registre vocal des dauphins et a découvert une augmentation notable dans la complexité de leur langage au fur et à mesure qu'ils parviennent à maturité. Et comme chez les humains, certains adultes démontrent une capacité plus grande que d'autres. Cette découverte confirmait ce que j'avais ressenti lors de mes expériences télépathiques avec eux : certains dauphins semblaient exercer un rôle plus déterminant, être de meilleurs chefs et faire montre d'une plus grande sagesse que d'autres. Essentiellement, nous avons affaire à des êtres évolués, tout comme nous. Les dauphins, ainsi que les baleines, sont les êtres les plus intelligents de l'océan. Personnellement, je sens que ce sont les êtres conscients les plus évolués de la planète : ils sont dotés d'un cerveau très complexe depuis des millions d'années, tandis que les humains n'ont réalisé une évolution progressive que depuis cent mille ans et moins, et que le développement de leur cerveau ne remonte qu'à quarante mille ans.

À l'origine, les cétacés vivaient sur la terre, avant de se retirer dans les océans. D'ailleurs, ils portent encore des vestiges osseux de doigts dans leurs nageoires pectorales. Nous, les humains, utilisons nos doigts pour manipuler des objets, tandis que les dauphins et les baleines ne possèdent pas une telle capacité. À quoi leur sert donc cette intelligence plus développée ? Il semble que leur habileté et la complexité de leurs interactions sociales, ainsi que leur communication interdimensionnelle, soient beaucoup plus évoluées que celles des humains.

Le simple fait que les baleines possèdent un réseau de communication global, et ce, depuis des millions d'années, *sans* l'usage de la technologie, devrait nous faire réfléchir. Les humains n'ont découvert ces moyens que récemment et seulement avec l'appui de techniques sophistiquées.

À ce stade-ci de l'évolution, les humains menacent l'équilibre de l'écosystème en essayant de développer ces moyens de communication. Nous menaçons les océans en envoyant des sons de basses fréquences dans les eaux pour déterminer s'il y a vraiment un réchauffement global ou non et, dans l'affirmative, dans quelle mesure. Ce genre d'étude ne donne pas une image favorable de l'intelligence humaine.

Ce qui nous semble des basses fréquences pourrait perturber gravement la communication que les baleines ont développée depuis des millions d'années. Le fait d'émettre ces fréquences pourrait même se comparer à l'action d'extraterrestres qui viendraient sur la Terre et enverraient des fréquences micro-ondes perturbatrices dans le but d'embrouiller nos satellites de télécommunication. Bon nombre d'humains ne respectent pas leurs cousins aquatiques. Les profits tirés de la technologie leur semblent plus importants.

À l'époque de mes réflexions, les dauphins étaient sciemment tués et, malheureusement, ils le sont encore aujourd'hui pour satisfaire les besoins d'une pêche toujours plus abondante. Au large, les bancs de thons nagent, pour des raisons inconnues, sous les bancs de dauphins. Les pêcheurs recourent aux nageoires facilement visibles des dauphins comme indication d'une grande quantité de thons à proximité. Comme ils tendent leurs filets pour attraper le thon, ils prennent aussi les dauphins.

J'étais assise sur le balcon, cet après-midi-là, essayant de participer à une sorte de guérison dans les éthers et dans les dimensions holographiques, espérant aider, d'une manière quelconque, les dauphins à survivre.

J'ai fermé doucement les yeux en me concentrant sur le problème. Dans une respiration profonde, j'ai demandé aux dauphins et à mes guides intérieurs de me venir en aide dans mon travail d'imagerie et de faire en sorte que ne se réalise que ce qui était pour le plus grand bénéfice de tous les êtres concernés.

Sans tarder, j'ai flotté bien au-dessus des nuages, non pas physiquement, mais dans ma vision intérieure. Je regardais la planète dans son entier. Comme je l'aimais, cette planète ! Elle m'apparaissait comme une brillante pierre précieuse au milieu de l'espace. J'ai demandé mentalement où se situaient les grandes entreprises de pêche au thon qui tuaient massivement les dauphins dans leurs filets. Trois endroits sont apparus dans ma vision, comme s'ils étaient indiqués sur une carte. Par intuition, j'ai vu qu'une de ces firmes était située sur la côte de la Californie, une autre près du golfe du Texas et encore une autre au Japon. Pour voir ce champ d'information, j'ai utilisé le même sens que lorsque je m'adresse à mes images intérieures. J'ai vérifié chacune d'elles pour découvrir laquelle m'offrait les meilleures possibilités de travailler avec succès. L'énergie du Japon me semblait la plus impénétrable à l'époque, et le travail exigé était au-dessus de mes capacités ; j'ai donc tourné mon regard vers les deux autres entreprises. Celle de Californie semblait la plus réceptive aux transformations et je me suis focalisée sur elle. En pensée, j'ai cherché l'énergie « dirigeante » de cette société. Pour y arriver, j'ai procédé comme je l'avais fait le soir où j'étais entrée en communication avec le « chef » du banc de dauphins avant que nous les rencontrions à huit heures quarante-cinq, à la plage secrète.

L'image de l'énergie directrice de ce commerce de pêche au thon ressemblait à un triangle pointu, et elle m'a fait savoir qu'elle voulait bien communiquer. Je me suis « montrée » (c'est-à-dire que j'ai exposé l'énergie de mon corps) en projetant mon intention : « Je viens dans un esprit de paix. » J'ai honoré l'entité qu'était cette société aussi totalement que si elle avait été un être conscient, ce qu'elle était en fait, et j'ai projeté des images de dauphins massacrés dans les filets de pêche au thon en demandant : « Pourquoi ? »

Rapidement, j'ai reçu la réponse suivante : cette entreprise responsable s'occupait de fournir de la nourriture aux humains, d'aider tous les gens qui travaillaient pour elle et de procurer aux parents la possibilité de subvenir aux besoins de leur famille, et elle ajoutait que le fait de tuer les dauphins faisait partie de l'industrie de la pêche. J'ai reconnu le but de cette entreprise et j'ai vu l'impasse dans laquelle elle se trouvait. J'ai honoré son intention de pourvoir aux besoins de la communauté humaine.

Dans un éclair, j'ai renvoyé l'image et le message des nombreuses personnes révoltées par le massacre affreux des dauphins. J'ai aussi projeté une image illustrant comment les gens manifesteraient leur frustration en cessant d'acheter du thon, ce qui irait à l'encontre des buts visés par l'entreprise.

« N'y aurait-il pas une façon plus harmonieuse de procurer de la nourriture aux humains et de satisfaire les obligations de l'entreprise vis-à-vis de ses employés et de leur famille tout en permettant aux dauphins de survivre, créant ainsi une meilleure image publique et augmentant peut-être les ventes au lieu de les voir diminuer ? » ai-je demandé mentalement.

La réponse est revenue dans une belle lumière : « Oui ! D'autres moyens pourraient assurer la protection des dauphins ! » L'image qui m'est apparue débordait de compréhension lumineuse ; elle était représentée par un sommet montagneux recouvert d'un harmonieux champ de fleurs qui embaumaient l'air et en coloraient les versants.

J'ai suivi le même processus que j'avais utilisé dans toutes mes transformations personnelles, permettant à l'ancienne image d'être absorbée par la nouvelle, sauf que cette fois c'était l'image d'une entité, d'une entreprise.

J'ai remercié sincèrement cette entité pour sa collaboration. Après s'être transformée, elle est devenue une partie de la matrice manifestée de la vie, permettant à la fontaine d'énergie vivifiante de toucher la Terre.

Comme le processus d'imagerie était terminé, j'ai ouvert les yeux et me suis étirée. J'étais émue par la profondeur de la communication et j'avais l'impression que quelque chose de global s'était vraiment manifesté. Je me suis ancrée dans la réalité en regardant les fleurs printanières autour de moi et en ne m'attardant pas sur des questions du genre : « Est-ce vraiment arrivé ? Cela aura-t-il des résultats ? »

J'avais fait ma part, comme d'autres avaient fait la leur avant moi, et si ce changement était en harmonie avec l'univers et devait se produire, il se produirait. Ce processus me semblait tellement logique.

Tout, dans la vie, cherche à grandir et à évoluer. Dans ce processus, les anciennes formes cèdent leur place à de nouvelles. Le trou noir devient le trou blanc, et une nouvelle réalité naît.

J'ai réfléchi à certaines des croyances spirituelles selon lesquelles l'état ultime correspond à l'absence d'état, au néant ou au détachement de la vie. De ce point de vue, apporter des changements à la matrice de la vie n'a aucun sens. À mon avis, il est impossible de bloquer le processus d'épanouissement de la vie puisque la vie provient d'une même graine, que l'on peut appeler Dieu, et qu'*elle* désire être. Si *elle* voulait cesser d'exister, la vie se serait déjà annihilée. Si cela avait été possible, ce serait déjà arrivé et les manifestations ne seraient plus.

Toutefois, la vie procure un terrain sur lequel elle peut apprendre à aimer et à devenir tout ce qu'elle est capable d'être. Dans le processus de la vie, le mécanisme inné d'évolution et de développement s'exprime partout. Voilà le secret qui explique pourquoi ce travail d'imagerie est si efficace, du moins dans notre vie personnelle.

Mais ce travail d'imagerie pourrait-il être aussi efficient à une échelle globale ? Et, si c'était le cas, dans quelle mesure ? Existait-il une méthode efficace ? Comment pourrait-on jamais le savoir ?

Chapitre 32

J'allais bientôt découvrir certaines réponses à ces questions. Vers la fin du printemps, quelques mois après le cours Vivez votre vision, nous nous préparions à organiser un autre séminaire avec notre voyageur du temps. Une parcelle en chacun de nous pressentait peut-être que sa présence parmi nous tirait à sa fin et que nous serions bientôt laissés à nous-mêmes, naviguant à travers le temps et l'espace à la découverte d'une partie toujours plus grande de la véritable tapisserie d'où émerge la vie. Mais pour l'instant, il demeurait toujours des nôtres.

Entre-temps, nous avions rencontré le docteur Bobbie Barnes, qui avait également appris le processus d'imagerie de notre voyageur du temps. Elle avait écrit sa thèse de doctorat en utilisant les procédés d'imagerie auprès d'étudiants en difficulté dans un district scolaire de Californie. Pendant les deux mois du congé d'été, elle était parvenue à améliorer le rendement scolaire, à élever notablement leur estime personnel et à susciter un tel enthousiasme en eux qu'ils ont amené leurs amis à se joindre au programme. Certains de ces jeunes avaient vécu dans la rue, manipulé des armes, pris des drogues, etc. Lorsqu'ils ont appris à reconnaître leur « Moi pleinement réalisé », ils se sont transformés et leur vie s'est peu à peu améliorée. J'ai été profondément touchée et inspirée par le travail de Bobbie Barnes.

Un des participants de notre séminaire était l'un de ces adolescents récalcitrants lorsque je l'ai rencontré la première fois ; il avait abandonné ses études et était devenu camionneur pour se faire de l'argent. Son père, chef de service dans une grande société de Seattle, avait participé au premier séminaire et avait amené sa femme et son fils au second. Sa femme souffrait d'insomnie, gardait toujours les rideaux de la maison tirés durant la journée et s'était préparée à mourir. Elle avait atteint un état critique de dépression. Les images qu'elle portait dans son subconscient semblaient si sombres, même de l'autre bout de la pièce, que j'ai demandé à Don de l'aider dans les étapes de son travail.

Ses images étaient remplies de tristesse. De lourds nuages dégoulinant de sang consumaient toute son énergie vitale. Cependant, en dépit de la noirceur de ses images intérieures, elle est parvenue à parler à ses « monstres », à comprendre leur but profond, à les aimer et à les laisser devenir les puissants alliés qu'elle avait toujours recherchés.

Au cours du deuxième séminaire, elle avait retrouvé sa force vitale et, après la libération de son passé durant le séminaire de recréation, sa vie s'était complètement métamorphosée. Les rideaux de sa vie s'étaient levés. Les nuages sombres s'étaient transformés en alliés qui désiraient l'aider à réaliser le but de sa vie. Son désir était d'aider la mythologie russe à survivre. Selon elle, les mythes russes n'étaient plus enseignés dans les écoles de la Russie, le communisme ayant balayé toutes les traditions ayant trait aux origines.

D'une façon tout à fait inattendue, peu de temps après les changements importants survenus durant le séminaire, des dignitaires russes sont venus dîner chez elle. À leur tour, ils l'ont invitée en Russie et lui ont procuré un visa. Six mois plus tard, après avoir appris quelques rudiments de russe, cette mère de famille, qui n'avait jamais voyagé sans son mari, est partie toute seule en Russie. À son arrivée, tout s'est mis en place, et plusieurs professeurs d'université l'ont aidée à atteindre son objectif.

Donc, durant ce séminaire de la fin du printemps, les trois membres de la famille étaient présents. Après le dernier séminaire, le fils avait commencé ses études secondaires, en vue de se préparer à entrer au collège.

Les fleurs printanières remplissaient l'air de leurs délicats parfums et les cerisiers étaient en pleine floraison. Assise en face de ce jeune homme durant le séminaire et le dirigeant dans son imagerie, je me suis sentie empreinte de respect et d'amour envers son être. Il n'y avait pas si longtemps, il était entouré d'un champ énergétique si négatif, avec des cheveux si gras et une odeur si déplaisante, que personne n'avait le courage de travailler avec lui. En tant que son assistante, notre voyageur du temps m'avait spontanément désignée et je « devais » travailler avec lui. Quelquefois, nous sommes poussés malgré nous vers ce qui est le plus bénéfique.

Ainsi, j'ai pu observer la beauté illuminer son être au fur et à mesure que ses images mûrissaient. Quand il a ouvert les yeux, une sagesse profonde jaillissait de son âme et, comme il était assez costaud, je lui ai dit : « Andrew, tu me fais penser à une baleine. » Sa structure imposante et la sagesse de ses yeux m'impressionnaient.

« C'est comme ça que je me sens », a-t-il ajouté, sentant que je le voyais tel qu'il était. Dans cette minute de quiétude, nous avons senti qu'en vérité chacun de nous est un petit bijou dans l'univers.

Notre conversation s'est orientée vers les baleines et les dauphins, et soudain il s'est exclamé : « As-tu entendu les nouvelles aujourd'hui ? Une entreprise de pêche au thon vient d'annoncer que dorénavant elle ne tuera plus les dauphins, car elle a adopté des procédés de pêche différents. »

J'étais sidérée ! « Cette entreprise est-elle située quelque part en Californie ? » me suis-je empressée de demander.

« Oui, je crois », a-t-il répondu après une courte hésitation, se demandant pourquoi mes yeux se remplissaient de larmes. Je lui ai raconté la séance d'imagerie que j'avais faite précédemment et nous nous sommes regardés un long moment en silence, nous sentant nous élever vers les régions où nous percevions mieux la matrice de la vie.

En pénétrant son regard, j'ai vu le temps et l'espace s'ouvrir devant moi telle une étoffe tissée de lignes lumineuses. J'ai vu comment notre conscience animait cette matrice de lumière. Si nous pouvions nous élever suffisamment haut dans notre esprit et porter dans notre cœur assez d'amour pour comprendre et embrasser tout ce qui vit plus « bas », nous pourrions nous retrouver n'importe où, dans n'importe quel univers, selon notre choix.

J'ai vu ses nombreux visages alors que je plongeais dans ses grands yeux ouverts : ses affinités avec l'Égypte, sa capacité à enseigner, à guérir, et la sagesse qu'il laissait briller à travers lui. Une année plus tard, je le retrouverais en Allemagne, mais dans un autre corps, sous le nom d'Andreas. Après plusieurs séminaires, nous l'avons vu perdre son enveloppe de baleine et avons senti son habileté à enseigner et à guérir.

J'ai vu des gens ou des âmes être transfigurés de plus en plus souvent autour de moi. Des personnes sont venues me rendre visite à travers le corps d'autres individus, ou j'ai senti la continuation d'une relation particulière avec un humain dans un corps différent. Je projetais peut-être mes attentes – sûrement que la psychologie expliquerait ainsi mes expériences –, mais j'étais de plus en plus convaincue que, en tant qu'âmes, nous nous mouvons dans le temps et l'espace d'une façon beaucoup plus fluide que notre culture ne nous le laisse supposer.

Occasionnellement, des amis me téléphonaient de très loin pour me dire qu'ils avaient rencontré par hasard quelqu'un cette journée-là qui *me ressemblait comme deux gouttes d'eau*, qui embrassait *exactement comme moi* et qui parlait des dauphins *exactement comme moi*. Il leur semblait que je leur rendais visite. La difficulté était qu'il ne fallait pas confondre la personne qui offrait ses « services » avec l'essence de mon âme.

J'ai parfois remarqué que les gens changeaient même d'apparence juste devant moi. Un instant, une personne avait une apparence, l'instant d'après, elle était le sosie d'un(e) ami(e), empruntant le même langage et les mêmes expressions que cet(te) ami(e). Je devais quelquefois me retenir, de crainte que cette personne n'interprète faussement mon amitié.

Un jour, je me suis rendue en avion à un séminaire auquel un ami voulait participer avec moi. À cause de complications dans sa famille, il lui avait été finalement impossible de se joindre à moi. Don était venu me conduire à l'aéroport et avait remarqué quelqu'un qui ressemblait à mon ami, au point où il nous avait fallu y regarder à deux fois. Quelle surprise j'ai eue quand j'ai vu cet homme s'avancer dans l'allée et prendre le siège à côté de moi ! Nous avons engagé la conversation et, bientôt, nous abordions les théories relatives aux changements dans le temps ainsi que d'autres nouveaux points de vue scientifiques. Je ne pouvais m'empêcher de remarquer à quel point cet homme me rappelait de plus en plus mon ami, précisément sur un vol où ce dernier avait eu l'intention de se trouver.

Plus nous parlions, plus j'étais touchée. Puis, il s'est tu, me regardant simplement dans les yeux et, sans le vouloir, je revoyais les mondes que j'avais parcourus avec mon ami dans le passé.

Les obligations sociales nous avaient empêchés de nous revoir, mais je le retrouvais néanmoins là, à mes côtés. Mon cœur battait à tout rompre, et je tremblais intérieurement. Mon regard s'est embué de larmes et j'ai dû détourner la tête en prétextant regarder par le hublot. Mon voisin m'a demandé si quelque chose n'allait pas et j'ai cru qu'il ne serait peut-être pas prudent de lui communiquer mes observations, puis j'ai changé d'avis. Je lui ai parlé de mon ami, lui ai expliqué comment j'avais senti sa présence s'infiltrer dans notre conversation et quelles répercussions cela avait eues sur moi.

L'homme n'était pas étonné. Bien que sa formation relevât de la science officielle, il avait remarqué le changement en lui et ne l'avait pas repoussé. Au contraire, il avait accepté d'être davantage en syntonie pour devenir un canal conscient entre l'âme de mon ami et moi. Il m'a dit comment « lui », maintenant comme mon ami, se sentait au fond de lui-même, et pourquoi c'était « lui », en tant que mon ami, qui prenait certaines décisions, et son regard m'a communiqué le reste. Parfois, je me penchais pour voir si mon ami ne se moquait pas de moi, en mettant des grosses lunettes à monture noire, pour me faire marcher.

Non, ce n'était pas le cas. Au terme de notre voyage, en arrivant à l'aérogare internationale de Dulles, à Washington, ce monsieur a tout fait pour m'aider à trouver mon vol en correspondance et m'a dit ne pas vouloir mon numéro de téléphone. Je ne voulais pas le sien non plus, d'ailleurs. Nous comprenions qu'il avait été un substitut, un pont, et il l'avait fait consciemment. Il était profondément reconnaissant d'avoir vécu cette expérience qui dépassait le cadre normal de sa vie.

Après tout, c'était peut-être bien que mon ami n'ait pu venir. Nos bornes humaines et sociales sont réelles, et les dissoudre n'est jamais facile. Nous finissons souvent par retourner en arrière, là où nous nous sentons en sécurité, même si c'est moins lumineux. Toutefois, nos âmes avaient trouvé une façon de franchir, pour un instant, la séparation entre nous, dans le temps et l'espace, assez du moins pour voir la vérité dans nos cœurs.

Notre perception du monde, à Don et à moi, changeait et nous sentions que la structure réelle, concrète, de l'univers tridimensionnel n'était pas nécessairement ce que notre culture nous avait enseigné à croire. Le voile se levait et, en un éclair, nous pouvions choisir de nous retrouver dans un autre monde. La façon dont nous voyagions dans de nouvelles dimensions se faisait en changeant d'imagerie dans notre pensée et en prenant conscience du fait que la vie extérieure reflétait notre cinéma intérieur. Seul notre système de croyances personnel détermine jusqu'où nous pouvons sauter.

Chapitre 33

Retournons, pour un instant, au moment où Don et moi terminions le dernier cours Vivez votre vision pendant lequel nous nous étions fixés comme objectifs de payer nos impôts et de retourner nager avec les dauphins. Nous avions réussi à générer les fonds nécessaires à la réalisation de ces deux projets et tous les participants dans notre classe avaient produit leurs propres miracles. Certains avaient eu pour but d'élargir leur vision spirituelle, d'autres de trouver un compagnon de vie, de redécorer leur maison ou, encore, de trouver leur vocation. J'étais touchée par le fait que chacun avait amélioré sa vie d'une manière frappante. Le fait que bon nombre d'entre eux possédaient déjà quelques notions des techniques enseignées dans le cours Vivez votre vision semblait contribuer aux résultats obtenus. Qu'importe le nombre de fois que Don et moi enseignions le cours, nous étions toujours prêts à le donner de nouveau en raison des résultats fantastiques qui en découlaient.

Dans quelques jours, nous partirions pour Hawaii. Cette fois-ci, nous allions explorer Maui et avions projeté de descendre chez Linda et son partenaire. Nous les avions rencontrés à la boutique d'aliments naturels à Kauai, lors de notre dernier voyage, et leur promesse de nous emmener à bord de leur zodiac afin de trouver des dauphins ne nous avait pas quittés. Nous attendions avec impatience le jour du départ.

Au cours des derniers mois, j'avais « communiqué » avec les baleines dans la baie devant chez moi pour leur faire savoir que nous irions à Hawaii rencontrer leurs cousins, les dauphins. J'espérais qu'elles me comprendraient et transmettraient le message à leurs cousins de Maui. Durant les quatre derniers jours précédant notre départ, toutefois, nous n'en avons vu aucune. Un banc de baleines grises était monté de la Californie au début du printemps et avait laissé les jeunes et les plus âgées dans les baies du détroit de Puget Sound, près de Seattle, pour se reposer et se nourrir, tandis que les autres baleines du banc avaient poursuivi jusque dans les eaux de l'Alaska.

Soudain, juste comme nous étions sur le point de monter dans la voiture, nous avons entendu le son caractéristique du souffle des baleines et, en me retournant, j'ai vu la colonne d'écume en suspens dans l'air. Étaient-elles venues nous dire au revoir ? Les baleines captent-elles nos pensées ? C'était un bon présage et, sur ce, nous avons pris la route de l'aéroport.

Par chance, le vol était survendu et l'un des agents au sol offrait à qui accepterait de prendre le prochain vol un remboursement de deux cent cinquante dollars. Don et moi avons saisi l'occasion. Il nous était égal de prendre le vol suivant, puisque nous arriverions à Maui quelques heures plus tard seulement.

Finalement, le second vol à destination d'Honolulu était prêt pour le décollage. Nous étions tout à la joie du départ et savourions nos vacances à l'avance. Nos pensées tournaient autour du désir de nager avec les dauphins. Cette fois, nous avions imaginé *être en compagnie* des dauphins, nageant avec eux, et avions pris le temps de bien *sentir pleinement la sensation* au lieu de visualiser le résultat désiré telle une carotte suspendue devant notre nez.

Il nous fallait faire une correspondance à l'aéroport international d'Honolulu et, en attendant le départ du vol pour Maui, j'ai eu une vision de Go Pal Das, mon guide intérieur aux yeux bleus et aux cheveux blonds. Il était tout lumineux, flottant au-dessus de moi et me regardant avec amour : « Tu me rencontreras de nouveau dans la forme, mais, cette fois-ci, ne me confonds surtout pas avec le corps de la personne à travers qui je viendrai te visiter », a-t-il chuchoté. « C'est toi qui m'as appelé. » L'idée m'en faisait trembler. En effet, je lui avais fait parvenir un message plutôt urgent.

Sa présence me manquait et je voulais une preuve que toutes mes visions n'étaient pas le produit de mon imagination. Cependant, sa rencontre la fois précédente, quand il avait manifesté son amour par le regard de Paul, à Kauai, m'avait presque fait perdre la tête, en dépit de mes efforts pour ne pas le montrer. Don m'avait gentiment aidée à y voir plus clairement, mais je ne tenais pas à revivre encore un tel défi de réalités multiples. Les visites impromptues d'outre-corps de la plupart des mortels ordinaires ne représentaient pas un trop grand défi, mais, avec mon guide, c'était différent ; il possédait un magnétisme vers lequel mon âme était attirée et qui dépassait toute ma compréhension linéaire.

Après un vol rapide, nous nous sommes posés à l'île de Maui. En allant récupérer nos bagages, j'ai perçu le son délicat d'une conque. Il venait mystérieusement de très haut et j'ai cru entendre un faible roulement de tambour.

La musique hawaiienne baignait l'atmosphère à notre arrivée et, à travers elle, provenant d'une réalité plus profonde que celle du plan physique, j'ai entendu un appel. Presque comme si c'était l'esprit des volcans, créateur des îles hawaiiennes, qui nous parlait, j'ai entendu une voix nous souhaiter la bienvenue sur les îles et nous dire qu'un jour celles-ci deviendraient notre demeure. L'esprit de l'île voulait que nous y habitions. J'étais stupéfaite et ne savais que penser. Lorsque nous sommes arrivés au comptoir de location de voitures, le soleil avait commencé à s'évanouir à l'horizon et il nous fallait encore prendre la route menant à Kihei, là où nos amis habitaient.

En arrivant au gîte, le « Hale Hana », nos amis nous ont accueillis avec le plus lumineux des regards rempli d'amour et de joie intérieure. Linda nous a aidés à nous installer dans notre chambre confortable. Une véranda ouverte servait de salon en plein air, et les bougainvillées fuchsia couronnaient les allées.

Tôt le lendemain matin, tandis que Don dormait encore, je me suis installée sur la véranda pour méditer. Portée par une profonde gratitude en entendant le chant matinal des colombes et des autres oiseaux exotiques, je me suis instantanément sentie dans un paradis tropical. Bientôt, j'étais emportée dans des espaces toujours plus élevés et le visage de Go Pal Das m'est apparu à nouveau. Mon amour envers lui ne cessait de croître depuis que je l'avais rencontré dans un de mes rêves.

Dans mon rêve, il était instructeur dans un monastère où j'étais en formation. À un moment décisif, il m'a regardée profondément dans les yeux et l'amour immense qui émanait de lui a touché mon cœur. Cette sensation n'était comparable en rien à tout ce que j'avais vécu dans ma vie physique. Il percevait mon essence véritable, et moi, la sienne. Nous sommes devenus reconnaissants l'un envers l'autre pour toujours et avons accepté de nous aider mutuellement dans notre évolution – même si pour l'instant il semblait être celui qui m'aidait le plus.

De loin, j'ai entendu quelqu'un qui marchait ; les pas prenaient la direction de la véranda, puis ils sont bientôt revenus pour s'arrêter juste devant moi. « Devrais-je continuer à méditer ou ouvrir les yeux ? » me suis-je demandé. J'ai décidé de les ouvrir doucement pour répondre à la présence devant moi et pour voir s'il s'agissait de Don, venu se joindre à moi. Dès que j'ai ouvert les paupières, je les ai refermées aussitôt. Si je n'avais pas été assise déjà, j'en serais probablement tombée à la renverse. Ce n'était pas possible ! Un homme aux yeux bleus et aux cheveux blonds, à longueur d'épaules, était assis face à moi. Go Pal Das ne plaisantait pas. Incroyable ! Si cette situation était réelle, il me fallait dorénavant croire à toutes mes fantaisies.

« Bonjour ! lui dis-je, d'un ton aussi naturel que possible. Je m'appelle Ilona.

— Bonjour, heureux de vous rencontrer, je m'appelle Carl », a-t-il répondu d'une voix amicale en arborant un immense sourire.

« Oh Ciel ! » ai-je pensé. Si ce n'est pas Go Pal Das, il me faut lui faire savoir que je ne suis pas une de ces touristes à la recherche d'une aventure. Je me suis empressée de le mettre au courant. « Mon partenaire, Don, et moi, sommes ici pour quelques semaines dans l'espoir de rencontrer des dauphins. »

Il a compris le message sans que ses yeux bleus profonds changent d'expression. Sans plus tarder, nous avons tourné notre attention vers les régions subtiles. Nous nous sommes élevés dans une spirale de lumière, tourbillonnant très haut, et avons été transportés dans les hautes sphères célestes de l'union de nos âmes. « Comment a-t-il pu savoir ? » me suis-je demandé. Peu après, je me suis sentie fondre dans la beauté du moment. L'amour est tout ce qui comptait dans ces dimensions et les précieux moments de fusion en l'Esprit inondaient toutes les fibres de mon âme. « Il n'y a rien de mal à voir ce qui constitue la Source de chacun », me suis-je dit. En vérité, il n'y a que la beauté absolue dans toutes les âmes, si seulement nous pouvons ouvrir suffisamment nos cœurs pour laisser la lumière de Dieu y briller.

Derrière, dans la chambre adjacente à la véranda, j'ai entendu Don et, quelques instants plus tard, il s'est avancé pour me trouver en train de parler à un étranger. Je lui ai lancé un regard rapide voulant dire : « Je n'ai aucune idée de la manière dont ce sosie de Go Pal Das a bien pu arriver ici », et Don m'a vite retourné un petit sourire narquois. Quelle paire nous devions faire ! Nos frontières culturelles n'allouent pas de place à la rencontre d'êtres d'autres dimensions, encore moins la rencontre d'âme à âme en dehors du temps. Heureusement, Carl a

eu la diplomatie de faire de l'espace pour Don et moi, et a immédiatement cédé la priorité à Don. Comme nous négocions subtilement
notre territoire !

« Alors, vous cherchez à voir les dauphins, a-t-il amorcé. Je crois
qu'il vous faudra aller en bateau, peut-être même jusqu'à l'île de
Lanai, étant donné qu'ici, à Maui, aucune des baies n'est vraiment
propice à la visite des dauphins. Ils viennent parfois, mais c'est occa-
sionnel. Des amis à moi font de la voile ; je pourrais peut-être leur
demander de vous emmener. J'accueille aussi d'autres amis en ce
moment et nous songions à aller faire de la plongée. Aimeriez-vous
vous joindre à nous ? »

C'était très tentant ! Nous nous sommes fait un clin d'œil, Don et
moi. « Excellente idée », avons-nous répondu en chœur. Je pouvais à
peine croire en notre chance.

Il se trouvait que Carl était précisément le voisin qui se proposait de
louer la maison de nos amis. Linda et son compagnon avaient décidé
de retourner sur le continent américain dans les mois à venir, et Carl
était venu vérifier certains détails. Quelle rencontre ! Quelques jours
plus tard, tout était organisé.

En attendant, nous avions rencontré les amis de Carl : Suzanne,
une clairvoyante extraordinaire, Damian, et Donna, l'artiste qui avait
conçu les cartes accompagnant le merveilleux livre d'Ariel Spilsbury et
Michael Bryner, *The Mayan Oracle*.

Après avoir acheté de la nourriture pour notre excursion, nous
sommes arrivés à l'embarcadère, où nous avons rencontré une femme
qui avait fait beaucoup de recherches sur les dauphins et Kathleen, la
femme capitaine du bateau. Carl et Damian voulaient aller faire de la
plongée sous-marine au large, et le reste du groupe espérait voir des
dauphins. Peu après être montés à bord du bateau, nous avons
commencé à échanger avec la personne qui faisait des recherches sur

les dauphins ; il s'agissait de nulle autre que Roberta Quist-Goodman.

C'était vraiment incroyable ! Elle secondait Kathleen, montait les voiles et aidait à sortir du port. Dès que l'occasion s'est présentée, j'ai vu Don s'avancer vers Roberta et commencer à dialoguer avec elle. D'après ses gestes et son langage corporel, je pouvais distinguer qu'elle lui décrivait des expériences qui l'avaient profondément touchée.

En douce, je me suis glissée vers eux pour les écouter. Voilà que se tenait devant nous Roberta Quist-Goodman, la femme dont il était question dans le livre de Lana Miller, celle qui avait fait les expériences télépathiques avec Joe et Rosie, les dauphins de John Lilly. Quelle coïncidence ! J'étais excitée à l'idée de l'entendre raconter certaines de ses expériences. Peu de chercheurs ont la faculté de communiquer par télépathie, encore moins de considérer la télépathie comme tout à fait normale.

Chapitre 34

Nous étions installés à la proue du bateau en train d'écouter les récits captivants de Roberta. « Un soir, alors que je me préparais à rentrer chez moi », nous a-t-elle raconté, encore excitée par les souvenirs de son expérience, « j'ai voulu donner aux dauphins un aperçu de notre monde humain. S'ils pouvaient en effet capter à distance ce que je leur projetais mentalement, comme cela avait été le cas avec Joe et Rosie, peut-être pouvaient-ils aussi regarder à distance. Donc, ce soir-là, avant de rentrer, je me suis assise près de la piscine et, intérieurement, j'ai invité le dauphin Terry à se lier à moi en pensée ».

« Tout à coup, j'ai senti un changement en moi, comme si quelqu'un chevauchait ma pensée. Lorsque je me suis levée pour rentrer, tout ce que je regardais prenait un sens différent. Il y avait quelque chose d'étrange dans mes interactions avec les gens. La distance que nous maintenons, nous humains, dans nos pensées et entre nos corps était évidente. J'avais voulu montrer aux dauphins à quoi ressemblait notre monde, et je sentais que j'y parvenais. Avant cette expérience, je me sentais triste à l'idée de laisser les dauphins au centre de recherche, mais, désormais, je pouvais les emmener à la maison avec moi. Ils faisaient tellement partie de ma vie que, souvent, je me sentais plus près des dauphins que des humains. Chaque jour, ils m'enseignaient quelque chose de précieux. J'apprenais à faire confiance, à me fier à mes sentiments. Quand je repense au fait qu'un dauphin pouvait chevaucher ma pensée, j'en suis encore sidérée. Songez à ce que cela peut signifier pour nous tous. Nous pouvons établir un lien au-delà du temps et de l'espace, partager des aperçus de nos mondes respectifs, et peut-être même voyager dans l'espace de cette manière au lieu d'emprunter des véhicules aériens encombrants. »

Tandis qu'elle poursuivait son récit, je pensais aux extraterrestres, que l'on pourrait considérer comme des voyageurs interdimensionnels ayant appris à pénétrer notre monde physique.

Roberta m'a ramenée à son récit : « Un jour, les dauphins m'emmenèrent nager en cercle dans leur piscine. Joe prit l'initiative et nous tournâmes ainsi longtemps. Puis, quelque chose d'étrange et de fantastique se produisit, comme si Joe nous avait enveloppés dans un globe de verre. J'avais l'impression de me retrouver dans un objet volant. Nous tournions très vite dans la piscine, mais absolument sans aucun effort, et je ne sentais même plus l'eau me toucher. Avions-nous passé à une autre fréquence sur laquelle nager n'exigeait aucun effort ? Plus tard, j'ai éprouvé cette sensation encore une fois dans l'océan », dit-elle pensive.

Je repensais à une séquence vidéo que j'avais vue un jour au sujet de recherches sur les dauphins. Il y était question de chercheurs qui étudiaient la vitesse et l'endurance des dauphins. Jusqu'à présent, on ne semble pas trouver d'explication quant à leur capacité énergétique et à leur endurance. Font-ils appel au *chi*, ou se branchent-ils sur des fréquences d'autres dimensions ?

« Cette journée-là, ils m'emmenèrent dans une autre dimension », ajouta Roberta.

J'adorais l'écouter. Voici une personne qui avait travaillé durant des années en contact étroit avec des dauphins sous la direction de John Lilly et qui avait réussi à résoudre le problème de communication en utilisant ses facultés subtiles.

« Les dauphins apprécient la fréquence de l'extase, a-t-elle poursuivi. Si vous voulez attirer les dauphins, vous aurez de meilleures chances en augmentant votre taux vibratoire. Touchez les fréquences les plus hautes que vous pouvez atteindre, aimez autant que vous le pouvez, projetez joie et appréciation, puis lâchez prise. Voyez les buts recherchés devant vous, vivez cette expérience comme si elle se déroulait réellement, et cela produira les meilleurs résultats. »

L'extase représente vraiment la carotte suspendue devant notre nez à nous, les humains. Je songeais au sentiment merveilleux que je ressentais quand les gens voyaient mon être intérieur dans sa gloire et sa beauté. Comme nous nous épanouissons lorsque nous contemplons la véritable nature les uns des autres ! Si nous savons regarder correctement, nous découvrons toujours la beauté de l'âme au cœur des êtres. Mais dire des choses gentilles avec une sincérité de cœur exige que nous nous ouvrions, ce qui nous rend vulnérables. Les bénéfices, cependant, ces sentiments de joie et le potentiel d'extase, en valent grandement la peine.

« Il y aurait tant de récits à vous raconter sur les dauphins », a-t-elle enchaîné avec un changement prononcé dans la voix. « J'aimerais tant partager avec vous certaines expériences de télépathie, d'intimité, des moments mystiques, des leçons de confiance, de durs moments de confusion et de frustration parce que je ne pouvais pas utiliser la parole avec eux. J'aimerais tant vous transmettre la joie que j'éprouvais en tenant un dauphin totalement abandonné dans mes bras, en l'embrassant, le flattant et le caressant. Je me souviens de la confiance dont j'avais dû faire preuve lorsqu'un dauphin m'avait pris le bras entre ses dents très pointues et avait fait semblant de donner un coup de tête, pour éprouver ma capacité à faire confiance et à m'abandonner. Je me rappelle aussi une fois où j'étais allongée dans le fond de la piscine, observant un dauphin sauter dans l'air ; il plongea tout droit vers mon front et tourna juste avant l'impact. Je me souviens également de certains jeux uniques, magiques, que nous n'avons jamais pu répéter.

« La précision et la grâce de leurs mouvements sont gravées dans mon âme pour toujours. Une autre fois, j'ai été prise dans un tourbillon créé par les dauphins, comme dans une tornade, sans qu'ils me touchent jamais, m'évitant toujours avec précision. J'étais fascinée par leur clin d'œil, juste avant de perdre le contact visuel, et ce, onze fois de suite – peut-être pour m'indiquer qu'ils avaient compris le jeu auquel je voulais m'adonner avec eux. J'interprétai leur message comme signifiant "Je t'aime", et ils répondirent à ma demande télépathique d'un jeu avec une exactitude qui me laissa perplexe.

« Ils réussirent à effacer des années de dressage en une seule leçon. Je reçus d'eux des moments bénis de silence, des larmes d'appréciation et des rires en voyant leurs comportements imprévus. Au fil des années, j'ai passé tellement d'heures à penser à eux, à essayer de communiquer avec eux, de comprendre, de savoir et à espérer y arriver. Je me rappelle encore ce dauphin qui est mort dans mes bras tandis que je l'accompagnais dans son dernier souffle, son corps totalement abandonné contre le mien.

« Je me réjouis encore en pensant à un dauphin qui suça mon visage de son évent, me donnant des baisers de dauphins, et à un autre, qui me caressa les jambes comme avec une plume. Un jour, j'imaginai un objet à quelques centimètres devant Terry et, de son sonar, elle commença à projeter sur lui un rayon d'ultrasons.

« Quand mon cœur est touché par les dauphins, je sens la grâce devenir art, la beauté devenir joie, et nous ne faisons qu'un. L'amour déborde de mon cœur après des années de sommeil. L'espoir règne dans ma pensée après des années de pessimisme.

« La vie s'ouvre à nous étape par étape. Je cherchais simplement à nager avec les dauphins, à les emmener en pleine mer, et j'espérais qu'ils me conduiraient à leur clan. Au lieu de cela, ils ont amené ma vie là où je n'aurais jamais pu l'imaginer. Je prends conscience que nous étions en communication depuis toujours. Seule ma notion de langage a besoin d'être élargie ici. Les paroles ne sont pas l'unique moyen.

« Au cours de mon interaction avec les dauphins, j'ai découvert une clé qui m'a permis d'atteindre des niveaux de communication plus profonds. Je l'ai trouvée dans le développement de l'amitié, de la confiance et du désir. Dans le contexte de l'amitié, nous pouvons nous ouvrir à des niveaux de communication nouveaux et élargis, ce qui arrive spontanément avec les dauphins. J'ai aimé tous les dauphins que j'ai rencontrés. Avec les humains, cela s'avéra plus difficile. Je ne fais que commencer à apprendre à appliquer ce que je sais. Comment puis-je trouver, avec les humains, la même qualité de joie, de confiance, d'enthousiasme, d'amour et de stimulation que celle que j'ai vécue avec les dauphins ? La confiance s'acquiert difficilement. Le désir n'est pas toujours présent. J'aimerais tant ressentir envers les humains ce que j'ai senti vis-à-vis des dauphins.

« La relation avec ma fille a, toutefois, dépassé celle que j'entretiens avec les dauphins. Avec elle, j'ai utilisé l'imagerie apprise auprès des dauphins et j'ai raffiné le processus. Ma "douce moitié" m'a aussi emmenée là où les dauphins ne l'ont pas fait. En tant que communauté, les humains peuvent-ils connaître la même proximité que les dauphins ? Grâce aux dauphins, j'en suis venue à croire au Ciel et c'est par les humains que nous pourrons amener le Ciel sur Terre. »

Nous étions très émus et nos yeux étaient voilés de larmes. Roberta avait touché des mondes possibles et je me demandais quand les humains évolueraient suffisamment pour vivre ce genre de Ciel que les dauphins paraissaient déjà avoir réalisé. Certains jours, il me semblait que nous n'étions qu'à un doigt du Ciel ; d'autres jours, il me semblait que nous en étions à des années-lumière.

Chapitre 35

Tandis que Roberta partageait ses récits et ses impressions, le reste du groupe s'était rassemblé en cercle autour d'elle. Avant de commencer notre excursion en voilier, Kathleen avait voulu que nous devenions, en pensée, un banc de dauphins. Nous nous rapprochions peu à peu, sentant se tisser entre nous des rayons invisibles de lumière.

Je demeurais silencieuse, devinant les vagues d'unité nous envelopper. Les cartes du *Mayan Oracle* étaient devenues notre point focal, et chacun en a tiré une ayant trait aux prochaines étapes de son développement. Les cartes nous ont aidés à ramener notre attention sur les énergies qui animaient plus profondément notre vie et à nous harmoniser avec celles qui étaient en jeu à ce moment. La carte que j'ai tirée indiquait mon passage à une nouvelle initiation et j'étais curieuse de connaître la suite.

Notre journée s'est ainsi écoulée à partager des moments de vérité où nous nous sentions proches les uns des autres. Nous avons grandement apprécié l'ambiance aisée dans laquelle nous baignions, en dansant dans l'eau et en esprit, et en nous adonnant à la plongée libre et sous-marine, mais, cette journée-là, les dauphins sont restés invisibles. Seuls la passion des dauphins et un esprit d'unité en ont fait une journée bénie.

Le soir venu, nous sommes allés célébrer l'anniversaire de Damian dans un restaurant thaïlandais. Comme nous étions assis en rond autour de la table, j'ai remarqué que nos conversations glissaient vers un comportement social de bavardage « ordinaire ». Durant la journée, nous avions été hors du contexte normal de « comment les choses devaient être », mais ici, sur la terre ferme, nous retrouvions ce comportement normal.

Carl et Roberta étaient assis en face de moi et Don, à mon côté. Je me rappelais la rencontre avec Carl le premier matin, après ma méditation. « Pourquoi ne pas voir en chacun de nous sa beauté et sa splendeur ? » ai-je songé. J'ai proposé l'idée au groupe, qui l'a bien accueillie.

« Voici comment procéder », ai-je ajouté. « Commençons par dire sur chacun une chose que nous apprécions à son sujet. Une personne à la fois sera le "centre", et chacun, à tour de rôle, s'exprimera. Et nous ferons trois fois le tour pour chaque personne. »

J'ai regardé Roberta et j'ai dit l'aimer pour son ouverture de cœur et pour avoir partagé avec nous son univers, ses triomphes et ses tribulations.

J'arrivais à peine à voir Carl, car il baignait dans l'énergie de Go Pal Das ; ainsi, je me suis adressée aux deux à la fois. Je l'estimais profondément pour son effort infatigable à lier le monde intérieur de la lumière et le monde extérieur, pour la lumière qui se dégageait de lui et pour sa grande disponibilité d'esprit envers quiconque faisait l'effort d'élever son regard suffisamment haut. Ses yeux bleu turquoise brillaient et étaient baignés de larmes. Dans un moment sublime, nous nous sommes encore élevés en spirale jusqu'au monde de l'esprit, où nous nous sommes unis. J'ai revu la scène que Roberta nous avait décrite plus tôt dans la journée, où elle enlaçait un dauphin.

Ici, dans ce contexte d'ouverture, d'appréciation et d'aptitude à voir la vérité plus profonde de chaque âme, j'ai compris ce qu'elle voulait dire lorsqu'elle racontait avoir appris des dauphins que nous pouvons atteindre un niveau de communication plus profond quand nous nous ouvrons et faisons confiance. L'âme de Carl et la mienne demeuraient suspendues dans un autre monde où les frontières s'étaient évaporées un bref instant.

Venait ensuite le tour de Don. En plongeant mon regard dans ses yeux lumineux, qui s'étaient également remplis de larmes en m'entendant parler ainsi de Carl, les mots me manquèrent. Nos esprits se sont envolés instantanément sur les ailes de l'Âme jusqu'aux mondes de la Lumière. La présence de Dieu dans Tout-ce-qui-est est devenue véritablement palpable.

C'était comme si nous nous retrouvions dans une dimension supraélevée où nos âmes fusionnaient à un point tel que nous étions propulsés de l'autre côté de la création, dans une fontaine de lumière. Peut-être cette fontaine de lumière était-elle un trou blanc à l'extrémité d'un trou noir.

En nous fusionnant de la sorte, nous affirmions continuellement notre volonté à nous abandonner, à nous ouvrir aux fréquences les plus élevées de l'union, de l'harmonie, de la création. N'était-ce pas ce que les gens espéraient vivre lorsqu'ils faisaient l'amour, une union de deux êtres en un ? N'était-ce pas la manière de « créer » les bébés ? Peut-être l'univers tient-il une clé cachée au cœur de sa propre matrice, une clé qui unifie, après avoir individualisé, et qui crée, de cette union, de nouveaux mondes de joie et d'apprentissage !

Nous aligner avec le cœur de la création est la clé nous permettant de nous aligner avec notre essence supérieure, avec notre raison d'être. Ainsi que j'en étais venue à le comprendre avec la méthode Vivez votre vision, cette fusion avec le cœur de la création rend la création de toute chose possible.

Comme je plongeais mon regard dans celui de Don, notre vision intérieure s'harmonisait aux courants subtils de nos esprits, et notre amour débordait.

La soirée avait pris une tournure magique, passant d'une rencontre ordinaire à une danse extatique où nous pouvions voir dans les régions subtiles de la création. C'était une façon d'apporter le Ciel sur la Terre, en dirigeant simplement notre attention sur des sujets plus élevés.

Cette nuit-là, nous avons goûté un sommeil profond et paisible. Le lendemain, nous devions nous retrouver sur le zodiac et partir à la recherche de dauphins.

Chapitre 36

Les colombes roucoulaient déjà, tôt le matin, à notre réveil. Après le petit déjeuner, Don est allé aider Carl et notre hôte, Dan, à réparer la fuite dans le zodiac pendant que je m'absorbais dans ma méditation matinale. Il me semblait bénéfique de prendre contact intérieurement avec les dauphins avant d'essayer de les rencontrer physiquement ; je me suis donc concentrée sur ma respiration et me suis mise à leur diapason.

En pensée, je me suis élevée lentement au-dessus de la côte de Kihei, où nous irions en zodiac. Alors que j'envoyais aux dauphins des rayons de lumière pour communier avec eux et leur laisser savoir que nous arrivions, j'ai soudain perçu qu'ils recevaient mes signaux mentaux. C'était comme si j'envoyais un trait lumineux qui aurait été reçu, puis retourné tel un reflet satisfaisant.

Je ressentais un sentiment de complétude, comme lorsqu'on regarde dans les yeux de son bien-aimé et que l'on sent un changement subtil s'opérer quand il capte notre regard : un léger sourire anime alors son visage et illumine son regard. Je savais et sentais que le contact s'était établi entre les dauphins et moi. À nouveau, j'ai envoyé mes salutations à l'énergie « chef » de leur banc, que j'espérais voir au cours de notre excursion en zodiac.

Ensuite, j'ai projeté l'image-pensée à l'effet que nous voulions prendre contact avec eux, près du rivage si possible. À ce moment, la conscience des dauphins m'a répliqué : « Pas question que nous nagions dans votre direction ! Un énorme requin nous sépare de vous ! » Non, ils ne voulaient pas franchir cette ligne dangereuse.

Voilà ce qui restait de ma tentative pour inviter les dauphins à se rapprocher de nous ! Mais, là encore, c'était probablement le fruit de mon imagination. Qu'est-ce que la communication imaginaire prouve réellement, de toute façon ?

Sur ces pensées, j'ai terminé ma méditation et nous nous sommes préparés à mettre à l'eau le zodiac qui, entre-temps, avait été réparé. Carl, Dan, Don et moi sommes partis, débordants d'enthousiasme à l'idée de voir enfin des dauphins dans leur élément. Le long de la côte, nous étions secoués dans notre petite embarcation rapide qui rebondissait sur les vagues. Le soleil se levait haut dans le ciel et nous glissions à la surface de l'eau telle une coquille de noix.

Carl, à l'arrière du zodiac, tenait la barre comme un vrai capitaine. Le soleil brillait derrière lui et illuminait, comme une couronne de lumière, ses cheveux blonds flottant au vent. Go Pal Das m'est encore venu à l'esprit et j'ai commencé à élever mon taux vibratoire. Je sentais mon propre champ de lumière devenir plus lumineux et j'ai accéléré le processus en visualisant des filaments de lumière tout autour de moi, imprégnant chacun de nous, à chaque instant.

En levant les yeux pour rencontrer ceux de Carl, j'ai vu dans son âme. Des milliards de petits rayons de lumière allaient et venaient, entre sa source et la mienne, et un arc de lumière se tendait entre nos regards et les dimensions invisibles. Le soleil qui dansait au-dessus de sa tête ne faisait qu'ajouter à la perception surréaliste que « nous sommes composés d'étincelles extatiques de lumière » et, tout à coup, l'énergie au sommet de ma tête s'est jointe à la sienne. Une fontaine de lumière nous enveloppait, et la fontaine au sommet de ma tête a commencé à jaillir. Quel état extatique ! La meilleure description de cette sensation se rapprochait d'un orgasme au sommet de la tête. Nous sommes demeurés tous les deux dans une paix mentale absolue, goûtant l'émerveillement que peuvent ressentir deux êtres.

Les dimensions de l'extase s'ouvrent-elles à nous lorsque nous acceptons de nous fusionner dans notre cœur ? Si tel est le cas, nous pouvons choisir de vivre ces états à volonté. Le plus gros obstacle à maintenir cette expérience pendant une longue durée dépend de notre volonté à garder notre « demeure » émotionnelle en ordre.

Carl n'avait aucun tort envers moi ; je n'avais avec lui aucun souvenir de douleur, de déception ou de colère retenue. Si un de ces sentiments avait existé entre nous, il m'aurait fallu nettoyer mes blessures et guérir ma relation avec lui ; sinon, je n'aurais sans doute pas été aussi prête à ouvrir mon champ d'énergie pour vivre cette extase.

Ce genre de nettoyage exige un engagement ferme à maintenir la relation dans les moments difficiles, à offrir sa pleine compréhension, et non simplement à faire la paix afin d'éviter les conflits. À moins de vraiment comprendre l'autre et de se sentir compris, les grains de sable de l'incompréhension deviennent des murailles de pierre au lieu d'être ce qu'ils sont censés être : des grains destinés à devenir des perles de sagesse.

Don et moi avons passé bien des heures au fil des ans à nettoyer notre « demeure » émotionnelle. Nous nous sommes tenu tête jusqu'à ce que nous en arrivions à reconnaître que nous voulions ce qui était le mieux pour l'autre, même si cela exigeait de chacun de nous d'admettre qu'il pouvait avoir tort. En acceptant d'être honnête envers soi-même et envers l'autre, nous augmentons notre capacité d'aimer l'autre, de l'honorer et de veiller sur lui. Et dans cette situation, sur le bateau, j'avais eu la chance de vivre la candeur d'un début de relation ; aucun souvenir douloureux n'interférait dans la pleine ouverture de mon champ d'énergie.

J'ai essayé de garder présent à l'esprit l'avertissement donné par Go Pal Das. Je ne devais pas m'attacher à cet être en particulier, même s'il prononçait exactement les paroles que Go Pal Das m'aurait dites. Carl servait de pont entre les mondes intérieur et extérieur afin que Go Pal

Das et moi puissions nous rencontrer. C'était un honneur.

Tandis que j'étais encore absorbée dans ma rêverie, Dan avait remarqué que notre embarcation de caoutchouc prenait l'eau par le fond. Il nous fallait nous arrêter pour évacuer l'eau et vérifier l'état de la situation. Immédiatement, j'ai ramené mon attention dans l'univers tridimensionnel et, sans perdre de temps, nous nous sommes mis à la tâche. En vidant l'eau du bateau, j'ai soudain entendu un bruit d'éclaboussement, ce qui m'a fait me retourner.

« Un dauphin ! ai-je pensé. Ah non, il est énorme ! Il n'a pas le son caractéristique de la respiration des dauphins. La nageoire dorsale est droite, triangulaire et non courbée comme celle des dauphins. De plus, il est… seul ! »

Les dauphins se déplacent normalement en groupe ou, au minimum, avec un ou deux autres dauphins. « C'est un énorme requin ! » ai-je pris conscience, tout d'un coup.

Je me suis souvenue de ma méditation du matin. Avais-je, de fait, bien compris le message ? C'était presque difficile à croire. Commençais-je vraiment à entendre les dauphins correctement ? Dans certains cas, du moins, mes messages télépathiques semblaient se confirmer.

Comment, sinon par l'expérience, pourrais-je vérifier, au moins pour moi-même, que la télépathie avec les dauphins était possible et n'était pas seulement le fruit de mon imagination fertile. Cette expérience représentait peut-être encore une autre pierre dans la construction du pont qui franchissait le gouffre d'incompréhension entre les humains et les dauphins. Si je pouvais y arriver, beaucoup d'autres le pouvaient également. Si la télépathie agissait avec les dauphins, elle devrait agir aussi avec toutes les autres créatures.

Je remarquais combien mon intuition s'était affinée depuis que je faisais le travail d'imagerie. D'autres personnes m'avaient aussi assurée de la même chose.

En écoutant le langage des images, nous pouvons pénétrer dans un nouvel univers, là où les murs de la logique cèdent à une réalité plus fluide, là où nous créons et apprenons en premier de l'intérieur et manifestons ensuite nos pensées et nos visions dans le monde extérieur, là où nous pouvons éprouver la joie, l'amour et l'union les plus sublimes, la véritable nourriture de l'âme.

Alors, indirectement, cette journée s'était avérée excellente pour me rapprocher des dauphins. J'avais senti leur conscience, entendu leur message et en avais trouvé la confirmation. Je sentais que je me rapprochais d'une communion intime avec eux.

Chapitre 37

Le lendemain matin, nous étions debout à l'aube et prêts pour l'aventure. La journée s'annonçait chaude et, à cette heure matinale, j'appréciais la brise fraîche caressant ma peau. Roberta nous avait indiqué une baie sur l'île de Lanai où les dauphins se rendaient régulièrement. Aujourd'hui, nous allions nous y rendre en bateau et, avec un peu de chance, les dauphins seraient au rendez-vous.

À l'embarcadère du traversier, nous avons rejoint deux femmes rencontrées quelques jours auparavant. Sensibles et aventurières, elles nous ont fait un sourire radieux en nous voyant arriver. Rapidement, une ambiance de jeunesse et de rire s'est emparée de nous, et plus rien ne pouvait nous arrêter.

Une fois sur le bateau, nous nous sommes calmés et avons expliqué les circonstances qui avaient mené chacun au désir de nager avec des dauphins en liberté. Il est vrai que les difficultés avaient été nombreuses. Il aurait été tellement plus facile d'aller à un aquarium où des dauphins sont captifs et de se laisser divertir par leur spectacle, mais quelque chose en chacun de nous s'opposait vivement à cette idée.

En tant qu'être humain, je ne voudrais certainement pas être emprisonnée dans une cage trop petite pour mes besoins, être obligée de me tenir immobile pendant que des étrangers toucheraient ma peau ou de me laisser flatter par eux, et je ne voudrais imposer ce traitement à aucun autre être de la planète. Au lieu de cela, chacun de nous préférait accepter les exigences de la nature, apprendre les rythmes naturels de la synchronie et découvrir les mystères cachés de l'attraction et de la communion spontanées.

À mi-chemin vers l'île, Don et moi avons senti le besoin de méditer et de laisser savoir aux dauphins que nous arrivions. Dans l'univers silencieux de mes images, j'avais appris que ce que je voyais intérieurement se produisait souvent simultanément dans le monde extérieur. J'avais découvert que je créais à l'avance les circonstances extérieures selon ce sur quoi je me concentrais. Nous semblons nous accorder sur des longueurs d'onde spécifiques, comme lorsque nous réglons la radio sur une chaîne particulière, et il me semblait que je pouvais choisir d'accéder au Ciel sur la Terre comme l'une des nombreuses options. Pour moi, le Ciel sur la Terre était synonyme des dauphins.

J'ai senti, soudain, la réponse du banc de dauphins. C'était comme si mes signaux en « morse » avaient été entendus, et j'ai vu les dauphins pénétrer mon champ de vision intérieure. Comment savoir si ce contact était réel ou s'il n'était que le fruit de mon imagination ? Procéder par tâtonnements m'avait certainement appris à saisir la différence.

En grande partie, le programme Vivez votre vision m'avait enseigné à me servir de l'imagerie dans ma vie quotidienne, et je percevais plus clairement les moments où j'inventais les choses et ceux où elles étaient « réelles ». Don m'avait immensément aidée ; il acceptait d'être totalement honnête avec moi en me laissant savoir si mes pressentiments étaient justes ou non.

Il avait fallu du temps pour arriver au degré de confiance où lui et moi avions le courage de faire connaître l'un à l'autre les fantaisies les plus secrètes de notre imagination, nos petites contradictions et les erreurs que nous avions pu commettre. Mais, à la longue, la confiance et l'honnêteté entre nous devenaient la mesure à partir de laquelle nous pouvions départager nos histoires inventées de la réalité.

La télépathie agit constamment entre les gens, mais cela exige du courage de laisser savoir la vérité à une autre personne. Souvent, nous craignons le rejet et choisissons ainsi de nous intégrer en gardant le silence ou en niant ce que nous sentons, car cela pourrait être socialement déplacé ou trop inquiétant.

Don et moi avions travaillé de nombreuses années pour arriver à faire entendre notre vérité intérieure, au risque de déplaire à l'autre. Après bien des expériences, nous en étions arrivés à la conclusion que nous pouvions démontrer de la compassion et de la compréhension dans presque tous les points soulevés. Cela exigeait que nous soyons nous-mêmes honnêtes avec nos propres sentiments. Tant que notre aspiration la plus noble réside en Dieu et que nous gardons à l'esprit le meilleur intérêt l'un pour l'autre, l'honnêteté est la meilleure potion pour assurer l'intimité et, indirectement, pour la télépathie également.

Au moment où j'ai senti fortement la présence des dauphins dans ma méditation, Don a doucement poussé ma main en chuchotant : « Regarde, ils sont venus à notre rencontre. » Nous nous sommes levés pour regarder par-dessus bord. Je n'ai pu réprimer un courant de joie. C'était comme si un champ d'énergie très élevé avait pénétré mon univers, comme si une volée d'anges avaient effleuré mon cœur de leurs ailes. Nous voilà, émerveillés par ce synchronisme parfait, émus aux larmes par la présence de ces êtres qui parlaient le langage intérieur de la télépathie et semblaient capables de pénétrer l'univers des rêves.

Dès que le bateau a été amarré au quai, nous avons rapidement franchi la courte distance menant à la plage pour voir s'il y avait d'autres dauphins dans la baie. Je pouvais à peine croire notre chance lorsque, en effet, nous avons aperçu tout un banc de dauphins dont les nageoires dorsales en rangs serrés émergeaient à la surface.

Aussi vite que possible, nous avons enfilé notre équipement et avons plongé dans l'eau. La mer était calme et nous pouvions nager facilement. Ma peur de l'eau fondait à l'idée de savoir ces êtres majestueux tout près de moi.

Roberta nous avait raconté que la meilleure façon d'attirer l'attention d'un dauphin était d'entrer dans un état d'extase. Facile à dire ! Je battais des pieds à toute vitesse pour arriver aux dauphins et, au milieu de cette frénésie, je devais me sentir dans un état d'extase !

J'ai donc pris un moment pour me calmer en me laissant simplement porter par les vagues. J'ai ralenti ma respiration et imaginé que je pénétrais dans les dimensions célestes. J'ai porté mon attention sur les rayons de lumière qui entraient dans l'eau tout autour de moi, donnant au monde sous-marin une apparence hyperlumineuse et éthérée. Je me sentais nager dans une mer d'amour, de lumière et d'extase sans autre effort que celui de maintenir mon attention sur cet état de brillante clarté autour de moi et en moi.

Comme s'ils arrivaient de nulle part, des dauphins sont passés sous moi. Gracieusement, et en parfaite harmonie, ils ont glissé sous moi telle une vague de danseurs silencieux. J'avais l'impression qu'un voile s'était levé et que, finalement, je voyais les dauphins tant attendus.

Une profonde joie s'est emparée de moi, et j'avais le désir de m'incliner devant eux. Je les ai salués avec beaucoup de respect, comme je l'aurais fait devant un maître. À mon grand étonnement, ils m'ont retourné mes salutations, accompagnées d'un message qui voulait dire : « Nous sommes tous égaux et nous éprouvons un respect mutuel pour toi. »

Et puis, ils sont partis aussi rapidement qu'ils étaient apparus. Avais-je bien entendu leur message ? La communication imaginaire semblait être le moyen de combler le silence entre les humains et les dauphins. Toutes les « coïncidences » précédentes avec les dauphins, les méditations et les transmissions télépathiques, qui s'étaient avérées exactes, m'avaient appris à faire de plus en plus confiance à mon écoute intérieure.

Je désirais tant en savoir davantage. À nouveau, je me suis plongée dans un état de joie, d'admiration, de révérence, de plénitude et de gratitude et je me suis imaginée au milieu d'un banc de dauphins. Dès que j'ai maintenu le sentiment-pensée de me sentir parmi eux, tout un groupe de dauphins est venu nager autour de moi. Cette fois-ci, ils semblaient tous m'observer de plus près et ils ont dû décider que je n'étais pas une menace pour eux puisqu'ils ont nagé en cercle d'un côté, sans repartir aussitôt.

Je voulais savoir si les dauphins avaient une notion de Dieu et j'ai utilisé mon processus de pensée du mieux que je l'ai pu afin de leur envoyer une question qui ressemblait à : « Bonjour mes bien-aimés, comment vous liez-vous à Dieu ? Comment comprenez-vous l'énergie, source de toute vie ? »

Au lieu de recevoir une description pour réponse, je me suis sentie devenir l'expérience de la réponse même. Comme si le banc de dauphins et moi nous trouvions simultanément dans l'océan et dans la présence de Dieu. L'espace autour de nous atteignait des dimensions cosmiques, nous étions des formes, des corps dans l'eau et, en même temps, nous étions Un avec Tout-ce-qui-est. J'ai « vu » un espace lumineux s'ouvrir devant moi très loin dans le cosmos, m'attirer et m'envelopper dans toutes les particules de mon essence. Les humains, l'eau, les dauphins et la création de Dieu ne font qu'Un.

Après cette réponse « vivante » ils m'ont demandé de leur démontrer ma perception humaine d'être unie à Dieu. Du mieux que je le pouvais, j'ai projeté une expérience-image de ma façon de me lier à Dieu. J'ai envoyé l'idée d'être en harmonie avec le point le plus élevé que je pouvais concevoir de la Source. J'ai imaginé un large rayon de lumière émerger de cette Source et me pénétrer. Ensuite, je suis devenue cette source de lumière, perdant la sensation du moi, laissant Tout-ce-qui-est m'inonder, devenir moi et, finalement, ramener la présence de la Source dans mon univers physique jusque dans l'océan et tout ce que je sentais qu'il contenait.

Comme je transmettais cette réponse-image aux dauphins, j'ai remarqué un effet très particulier. Pendant mon imagerie d'extase, les dauphins s'étaient tenus quasi immobiles sous moi. Les dauphins ne restent jamais immobiles, ils nagent toujours ou restent constamment en mouvement.

J'ai étendu les bras pour transmettre toute l'information à travers mon corps entier, comme si j'adressais une prière au ciel, sauf que j'étais tournée vers les profondeurs de l'océan, laissant la lumière intérieure émaner de mes bras, bénissant les dauphins et offrant ma gratitude d'être en leur présence.

Lorsque j'ai relâché l'intensité de ma concentration, les dauphins ont donné un coup de la pointe de leur queue et ont vite filé. Étaient-ils demeurés immobiles pendant cette communion divine ? M'avaient-ils entendue et étaient-ils partis juste à la fin de notre communion ? Cette expérience bienheureuse surpassait tout ce que mon imagination aurait pu inventer, seuls mes rêves étaient aussi magnifiques.

Environ soixante-dix dauphins à long bec nageaient autour de nous dans la baie. Les deux autres femmes et Don avaient pris chacun leur distance pour vivre leur propre expérience. Si ce n'avait été des dauphins, je serais restée plus près de Don, à me cramponner désespérément, mais avec les dauphins autour de moi, je vivais le même sentiment d'amour, de sécurité et d'aise que j'avais connu à la plage secrète de Kauai. Nous percevions leur voix et leurs ultrasons quand ils se rapprochaient de nous et, parfois, je pouvais les entendre avant même de les voir, particulièrement lorsqu'ils arrivaient de l'arrière. Je me sentais en sécurité, mais je ne pouvais expliquer pourquoi leur présence m'apportait ce sentiment profond de confiance et de sérénité.

Plus ils venaient autour de nous, plus ils osaient se rapprocher de nous. Non seulement ils développaient leur confiance envers nous, mais nous vis-à-vis d'eux. Après tout, ils étaient les plus gros nageurs que j'aie jamais vus dans l'eau, mis à part les humains, et ils étaient indiscutablement plus puissants que je ne l'étais.

Nous essayions de mieux nous connaître mutuellement, et j'éprouvais un profond respect pour eux. Heureusement que personne dans notre groupe n'adoptait cette attitude de « poursuite » que j'avais remarquée à la plage secrète de Kauai. Au contraire, chacun de nous travaillait avec les dimensions intérieures d'harmonisation, en utilisant l'imagination.

J'ai remarqué comment les dauphins, à ce moment, s'avançaient vers moi, et je me suis tournée dans la même direction. En m'orientant ainsi, j'ai ajusté doucement mes mouvements pour me synchroniser avec eux. Ils semblaient apprécier cette façon de s'adapter à leur rythme plus que toute autre approche.

Lorsqu'ils sont revenus près de moi, j'ai essayé de nager plus vite, faisant le moins de bruit possible avec mes palmes, qui semblaient plus efficaces qu'avant. Puis, un phénomène des plus étranges s'est produit : ils nageaient sous moi, et cette fois-ci j'ai essayé de suivre leur rythme, nageant avec force, quand, soudain, j'ai senti que je volais avec eux. Je nageais légèrement au-desssus des dauphins, près de la surface, tandis que cinq d'entre eux nageaient sous moi. Étrangement, je sentais que je n'avais plus besoin de déployer aucune énergie. J'étais transportée dans une bulle de silence invisible, et l'élan rapide me gardait dans un état de ravissement.

Nous ne faisions plus qu'Un ! Je n'avais plus d'efforts à fournir. Je me sentais simplement filer à grande vitesse, au-delà du temps et de l'espace, dans la même bulle d'énergie que le banc de dauphins. Ce long moment de fusion, où nous nous sentions Un, était absolument merveilleux. C'était là un cadeau de la part des dauphins. Je me croyais au Ciel !

Chapitre 38

Comme personne de notre groupe ne semblait désirer retourner à la plage, j'ai continué à nager. Je voulais voir si je pouvais envoyer un message auquel les dauphins répondraient. Du fond du cœur, je désirais en connaître davantage sur les mamans dauphins et leurs petits.

Roberta nous avait raconté que les bébés dauphins nagent aux côtés de leur mère durant plusieurs années, particulièrement durant la première, et tètent comme des nourrissons. Leur mère leur apprend à retenir leur souffle en les retenant sous l'eau pendant des intervalles toujours plus longs, avant de les laisser respirer à nouveau.

En raison de leur sonar et de leur capacité télépathique évidente, les dauphins peuvent voir à l'intérieur du corps des autres êtres. C'est ce qui les aide à reconnaître à quel moment leurs rejetons ont besoin d'air et comment se sentent ceux qui les entourent.

Dès que j'ai maintenu intérieurement l'image de mamans et de bébés dauphins, tout un groupe de dauphins sont arrivés avec leurs petits. Peut-être n'étaient-ils pas venus nager autour de moi plus tôt pour s'assurer de la sécurité de leurs bébés mais, maintenant, ils étaient là, juste devant moi. J'étais émue à en perdre le souffle, car voilà qu'en synchronie parfaite avec mes images intérieures, je me trouvais au cœur d'une pouponnière de dauphins. Les bébés se comportaient d'une façon très similaire à celle des petits des humains. Chose étrange, ils se sont rapprochés de moi, nageant parfois un peu gauchement, avec « hésitation », comme de jeunes enfants qui marchent à peine et qui n'ont pas encore la complète coordination de leurs mouvements ni la connaissance du protocole social.

Lorsqu'un petit se comportait d'une manière trop imprudente, il était rappelé à l'ordre par sa mère, et j'en riais sous l'eau. Observer les dauphins évoquait pour moi la façon dont les humains élèvent leurs enfants. Les parents les corrigent lorsqu'ils parlent avec un peu trop de curiosité à un étranger. J'ai envoyé mon amour aux mamans dauphins en essayant de leur projeter des images d'humains accompagnés d'enfants.

Je ne sais trop depuis combien de temps j'allais et venais ainsi avec les dauphins quand j'ai soudain entendu un message clair et net dans ma tête : « Sors de l'eau, retourne au rivage maintenant ! Tu n'as que la force nécessaire pour retourner et tu ne peux te permettre de continuer à nager avec nous. »

Oh là là ! quel message ! Il n'avait fallu qu'une fraction de seconde pour capter tout cela et, pourtant, c'était beaucoup d'information.

J'ai sorti la tête de l'eau pour voir si les autres étaient prêts à retourner quand, à mon grand étonnement, Don et l'une des femmes qui s'étaient rapprochées de nous ont sorti la tête de l'eau simultanément. « Avez-vous entendu la même chose que moi ? leur ai-je demandé ?

— Que nous devons retourner ? a demandé la femme.

— Oui, c'est bien ce que j'ai entendu ! a ajouté Don, tout étonné.

— Eh bien, je crois qu'il vaut mieux écouter, ai-je rajouté, retournons maintenant. » Les dauphins se détournaient de nous et gagnaient le large, ce qui rendait notre décision plus facile.

Lentement et avec un rythme égal, nous sommes retournés, respirant à fond et régulièrement. La petite plage vers laquelle nous nous dirigions paraissait à peine se rapprocher et je me suis rendu compte que ma cheville gauche commençait à me faire terriblement mal. Les dauphins ne plaisantaient pas, ils me connaissaient mieux que moi-même. Maintenant que mon attention s'était tournée vers mon corps, j'ai remarqué à quel point j'étais épuisée. Une attaque de panique s'est emparée de moi et j'ai cru ne pas pouvoir arriver au rivage. « Et si je n'y parvenais pas ? Et si des crampes me prenaient aux jambes ? » Je me sentais vraiment fatiguée et faible.

« Ce n'est pas le temps de laisser ma raison vagabonder maintenant», me suis-je dit. « Reste concentrée, tu y arriveras. » Régulièrement, j'ai continué à battre des pieds et lentement j'ai avancé. Lorsque le sable est apparu sous moi, j'ai centré mon attention sur les ondulations qu'il formait, en avançant petit à petit. Puis, j'ai entendu le sonar des dauphins derrière moi. « Ces coquins, ai-je pensé, ils savaient que nous ne serions sans doute pas retournés à la plage s'ils étaient restés autour de nous. »

Les dauphins avaient fait semblant de prendre le large et ne sont retournés dans la baie qu'une fois assurés que nous regagnions la rive.

Finalement, comme je me rapprochais du bord, j'ai enlevé mes palmes et je me suis préparée à sortir de l'eau. Les vagues étaient toutes petites, et j'étais confiante de pouvoir marcher jusqu'au rivage. À quel point j'avais mal calculé mon énergie ! Comme j'essayais de sortir de l'eau, mes jambes m'ont simplement lâchée ; la gravité avait raison de moi pour le moment. Je me suis rattrapée et j'ai rampé lentement jusque sur la plage, m'effondrant complètement une fois à l'ombre d'un palmier.

Les dauphins avaient dû savoir avec une précision absolue le niveau d'énergie qu'il me restait et la force qu'il me fallait pour retourner. Don et l'autre femme ont atteint la plage en même temps, et nous n'en revenions pas de l'exactitude du message que nous avions tous les trois entendu.

En plus d'avoir estimé notre niveau d'énergie correctement, les dauphins n'avaient-ils pas aussi communiqué avec nous intention-nellement ? Dans ce cas, il nous fallait revoir notre conception de la communication et inclure des niveaux que nous, humains, avions jugés auparavant « impossibles » ou même « non scientifiques ».

Comment avais-je donc pu entendre les dauphins ? Qu'avait fait chacun de nous pour être capable de les entendre ? Que pouvions-nous faire, en tant qu'humains, pour apprendre l'art de la télépathie ?

Tandis que nous étions étendus sous l'arbre, l'autre femme atteignait le rivage. Elle avait nagé un peu plus loin que nous et avait subitement senti qu'il était temps de retourner à la plage. Évidemment, nous n'avions pas tous entendu des « messages ». Pour certains, ces messages prenaient la forme d'un sentiment ou d'une simple impulsion à faire quelque chose.

Plus je m'exerçais au travail d'imagerie, plus je remarquais que ma télépathie et mon intuition se développaient. Les participants aux séminaires qui pratiquaient la transformation d'anciennes images en de nouvelles faisaient la même observation : leurs facultés d'intuition, de télépathie et de prescience semblaient aussi s'accroître. Ils voyaient le temps et l'espace se courber pour engendrer des anomalies dans l'étoffe de la création. L'imagination semblait être la clé, encore fallait-il apprendre à tenir compte sérieusement de ces images et à distinguer entre la fantaisie et l'imagination « réelle ». Une fois que nous avions pénétré le domaine de la communication avec les dimensions intérieures par le biais de l'imagination, nous étions en voie de découvrir le sentier qui mène à la fontaine de la création.

Alors que nous reposions dans la sérénité sous les palmiers, j'ai remarqué combien je me sentais heureuse. Les jeux de lumière entre les rameaux balancés par le vent créaient un effet surréel, céleste. Même la brise prenait un sens, jouait un rôle par sa présence. Maintenant, une lumière plus intense s'infiltrait entre les rameaux, une lumière qui répondait à ma plus profonde aspiration à connaître le sens des choses. Je me suis laissée aller dans cette beauté qui semblait jaillir de toutes les particules de ce qui m'entourait. J'ai vu la beauté, et la beauté m'a vue, et cela donnait un sens en soi. Étions-nous des êtres conscients au sein de la création, et l'étions-nous suffisamment pour admirer et apprécier cette création ? Je me sentais certainement débordante de gratitude et dans un état de plénitude.

Après un temps de repos, nous avons commencé lentement à échanger un mot par-ci, une phrase par-là, au sujet de notre vécu, de nos impressions sur la vie, à parler de tout et de rien. Nous étions ouverts les uns aux autres, alors que nous n'étions encore récemment que des étrangers. Je sentais que nous formions une pensée collective, presque liés à un niveau cellulaire. Mes défenses intérieures étaient tombées, mon appréciation pour chacun d'entre nous, en tant qu'être précieux, avait augmenté alors que tout ce que nous avions fait se résumait à sauter à l'eau et à nager avec les dauphins.

Tout à coup, comme si nous avions tous été animés par la même pensée, nous avons décidé de nous lever et d'aller découvrir l'hôtel tout près. Dans l'un des restaurants donnant sur la mer, on servait, paraît-il, du thé et des biscuits gracieusement l'après-midi et, de plus, nous pourrions en profiter pour faire un saut dans l'invitante piscine extérieure.

Le sentier menant à l'hôtel surplombait la baie et l'océan brillait de mille feux, tel un joyau. Nous avons longé la piscine, nous promettant de venir y plonger au soleil couchant, et nous avons poursuivi jusqu'au restaurant. Profiter des biscuits gratuits sans même être clients ne nous semblait pas très honnête ; nous avons donc demandé à voir le menu. Mais, malgré les meilleures intentions du monde, peu de plats au menu correspondaient à notre budget. Finalement, nous avons opté pour une crème de champignons sauvages et une salade. La nappe et les serviettes, la verrerie de cristal, l'argenterie, les serveurs habitués à servir avec élégance, la vue sur le jardin tropical, tout semblait nous tomber du Ciel.

Dans cette ambiance de grand chic, nous nous sentions tous très reconnaissants. Le potage de champignons sauvages était un délice, et les biscuits accompagnés de thé constituaient, maintenant de bon droit, un dessert savoureux.

Le soleil descendait à l'horizon et ses rayons encore chauds nous invitaient à faire un saut dans la piscine. En entrant dans l'eau turquoise, j'ai senti les derniers rayons projeter des paillettes d'or sur mon visage. C'était le bonheur complet. Un état de félicité m'a envahie, jaillissant d'une fontaine au sein de mon être. Un simple changement dans ma façon de voir et j'étais projetée au Ciel. Dieu, l'unité, l'amour, tout comblait mon cœur, et j'ai lancé un regard à Don, qui m'avait suivie dans la piscine.

La terre s'était presque arrêtée de tourner. Même si rien de ce qui nous entourait n'avait changé, ce monde dans lequel nous étions plongés méritait un autre nom. Nous regardions simplement autour de nous comme si nous étions au Ciel, comme si tout se composait d'or. En regardant autour de moi, je voyais que tout était enveloppé dans de multiples couches de lumière. Mon regard s'est porté sur une lumière particulièrement belle et j'ai senti mon cœur chanter la même mélodie harmonieuse de clarté. « D'autres personnes voient-elles la beauté de leur univers ? » pensais-je.

Les dauphins ont le don de déclencher cet état d'être, et c'est sans doute la raison pour laquelle nous pouvons les appeler en entrant dans un état paisible de bien-être, comme Roberta nous l'avait raconté. Qui se ressemble s'assemble. Et nous levons probablement le voile sur des trésors cachés lorsque notre conscience change de dimension et entre dans des dimensions plus subtiles, ouvrant la voie à l'unité, à l'amour et aux miracles.

Chaque transformation d'image que j'opérais m'amenait à pénétrer au cœur de la création, un espace central dans ma pensée qui représentait la porte vers le changement dans le temps et l'espace.

Chapitre 39

Après le repas, nous sommes retournés en flânant à notre camping, près de la plage, et nous avons trouvé refuge sous les couvertures. Jusqu'à ce jour, cette expérience des dauphins s'avérait la meilleure et, comblés, nous sommes partis vers le pays des rêves.

Il nous a bientôt fallu quitter Maui et retourner à notre monde habituel sur le continent. Durant nos derniers jours sur l'île, Carl avait conduit notre petit groupe vers de merveilleux coins retirés de l'île. Des chutes cristallines tombaient en cascade dans des bassins émeraude, nous donnant la vive impression d'être au paradis. Nous avons pris des bains de soleil nus au sommet des escarpements avant de plonger dans l'eau froide plus bas. J'ai essayé de ne pas oublier que Carl ne représentait pas seulement Carl pour moi. Go Pal Das continuait à me parler à travers lui et j'étais fascinée chaque fois que j'entendais Carl dire mot à mot ce que Go Pal Das m'avait dit intérieurement en pensée.

Après notre retour à la maison, j'ai remarqué chez Carl un net changement dans sa façon de parler et de communiquer avec moi au téléphone. Il était à nouveau lui-même ; finies les similarités avec Go Pal Das et, d'une certaine manière, j'étais contente.

Don et moi retournions à nos occupations : écrire et enregistrer des cassettes d'imagerie dirigée, travailler à l'édition de livres, enregistrer de la musique et nous occuper de notre service de vente par correspondance d'appareils innovateurs dans le cadre de la santé holistique. Nous exportons certains de nos instruments et sommes heureux de découvrir que, dans certains pays du moins, la vérité peut être dite ouvertement en ce qui concerne les effets de ces instruments. Un de ces derniers [le BT-6] a aidé des gens à éliminer la dépression et les problèmes de dépendance. Il y a des années, j'ai vécu une période intense de stress suivie d'une année de dépression et je ne m'en suis sortie qu'en utilisant un de ces instruments. Quelle bénédiction cela avait été ! Nous avons reçu des lettres de nombreuses personnes faisant l'éloge de nos produits et nous disant à quel point ils les avaient sauvées et leur avaient redonné espoir ; ainsi, nous sentons que notre travail a été bénéfique dans le monde.

L'univers des dauphins influençait de plus en plus nos pensées le jour et nos rêves la nuit. Une nuit, peu de temps après notre retour de Maui, j'ai fait un rêve étrange me rappelant celui que j'avais fait sur les baleines : Don, Roberta et moi marchions sur un trottoir lorsque trois dauphins se sont précipités hors de l'océan, se jetant par terre, juste devant nous, sur le pavé. Nous étions horrifiés et, rapidement, nous avons pris les dauphins et les avons remis à l'eau !

Quelques jours plus tard, un phénomène encore plus étrange s'est produit... à nouveau. En allant à pied chercher mon courrier à la poste, comme je le fais quotidiennement, j'ai lu les manchettes du journal. Je n'arrivais pas à en croire mes yeux. On annonçait que des dauphins s'étaient échoués sur la plage la veille *et* qu'ils avaient été retournés *sains et saufs* à l'eau !

Dans quelle mesure nos rêves sont-ils liés à notre vie quotidienne ? Ou bien je reçois dans mes rêves des messages télépathiques des journaux, ou bien les actions que nous accomplissons dans d'autres dimensions ont un effet dans le monde physique. Je commençais à croire à la deuxième possibilité. Cela semblait faire partie de la « formation par les dauphins à travers le rêve » que je recevais, comprenant mieux les niveaux de vérité plus profonds sur la réalité.

Quelques jours plus tard, Roberta a téléphoné et je lui ai raconté cette histoire. Elle était étonnée et m'a demandé si j'avais capté d'autres « manchettes » dans mes rêves, mais ce n'était pas le cas. Le fait de ne pas en capter d'autres pouvait être une indication d'un travail multidimensionnel inconnu de ma pensée consciente.

Bien que Roberta ait apprécié parler de nos travaux nocturnes, elle avait en fait téléphoné pour une autre raison. Elle voulait nous communiquer qu'un des endroits les plus favorables pour nager avec les dauphins se situait non loin de l'île de Key West, en Floride. Un de ses amis possédait un bateau et amenait les gens au large, où un gentil banc de dauphins s'amusait à venir les rencontrer, jour après jour, d'une année à l'autre. Roberta devait se rendre à Key West quelques mois plus tard et se demandait si nous aimerions nous joindre à elle. Comme nous avions reçu des billets de United Airlines pour avoir accepté de prendre le vol suivant en allant à Maui, nos frais seraient minimes ! C'était une invitation irrésistible ; nous ne pouvions la décliner !

Nous avons organisé notre voyage afin qu'il coïncide avec l'arrivée de Roberta et, sans tarder, nous avons réservé autant d'excursions que possible à bord du bateau de son ami.

Key West jouit d'un climat chaud et humide et d'une atmosphère tout à fait antillaise. Nous avons séjourné dans un gîte très pittoresque où nous pouvions observer un jardin de fleurs tropicales, une bibliothèque aux tablettes jaune vif et un métier à tisser garni de fils multicolores. Le buffet du matin était un délice pour les yeux et pour le palais offrant une variété de fruits tropicaux, de délicieux petits pains, des pâtisseries maison et des jus de fruits frais.

Le premier départ était prévu pour dix heures le matin, et nous anticipions cette petite excursion avec joie. Nous nous souvenions, Roberta et moi, de la fois à Maui où nous étions partis en voilier à la recherche des dauphins et où j'avais tellement eu le mal de mer que je m'étais promis de ne plus jamais retourner en mer ; mais ce bateau-ci était bien différent. Ron, le capitaine, possédait en fait un catamaran, ce qui était beaucoup plus stable.

Notre petit groupe se composait de six personnes, en plus du capitaine, dont une adolescente accompagnée de ses parents et nous trois. En quittant le quai, j'ai commencé mes respirations alternées. C'est là ma façon de créer les conditions physiques me permettant de vivre et de maintenir un état d'extase dans mon corps.

J'ai inspiré tout d'abord par la narine droite, tenant la gauche fermée. En faisant l'exercice, je visualisais une lumière éclatante pénétrant le sommet de ma tête, puis en fermant la narine droite, j'ai expiré par celle de gauche, inondant tout mon corps de cette lumière. À mesure que je poursuivais les respirations alternées, je devenais de plus en plus lumineuse. Lentement, j'ai senti l'univers des dauphins se rapprocher.

Chapitre 40

Pendant que notre catamaran voguait paisiblement sur les eaux turquoise, nos yeux scrutaient l'horizon dans l'espoir de trouver un signe de vie des dauphins. La mer était calme et l'air répandait ses effluves salés. Malgré mon impression que des dauphins se trouvaient dans les environs, je n'en voyais aucun. J'ai cru qu'ils ne se montreraient peut-être pas à moi cette fois-ci, qu'ils viendraient vers quelqu'un d'autre aujourd'hui. Ces pensées m'attristaient un peu.

« Apaise-toi, Ilona, me suis-je dit, rappelle-toi de centrer tes énergies sur le résultat que désire réellement ce sentiment. » J'ai vite identifié ce sentiment d'anxiété comme des papillons dans mon estomac. J'ai fait « sortir » ce sentiment-image de moi et lui ai demandé ce qu'il désirait vraiment. Instantanément, j'ai perçu l'image d'une union avec les dauphins comme étant le véritable désir sous-jacent et, dans ma vision intérieure, j'ai vu une lumière brillante nous envelopper, un dauphin et moi, dans une communion. J'ai remercié l'image-papillon et je l'ai laissée devenir l'image de ce qu'elle désirait vraiment, *une union avec les dauphins*. J'ai porté cette nouvelle image dans le lieu imaginaire où mes pensées font « table ronde » et je l'ai laissée travailler sur ma réalité « extérieure ».

Tout à coup, j'ai eu l'impression qu'un dauphin m'apercevait. Pourtant, je n'en voyais aucun. Une sensation de joie m'a inondée et, quelques instants plus tard, quelqu'un s'est écrié à l'avant du bateau : « Les voilà, ils sont là ! » et tout le monde fut sur le qui-vive, tout heureux. Les dauphins adorent nager dans les vagues de proue et c'est là que nous avons d'abord aperçu la famille de dauphins.

« Bonjour Nick, bonjour Grandy ! » a crié le capitaine en direction de l'eau. Il avait essayé de parler suffisamment fort pour être entendu des dauphins. Nous étions tous excités ! Ron nommait les dauphins d'après les marques qu'ils portaient sur leurs nageoires dorsales ou sur la pointe de leur queue. Les « adolescents » étaient faciles à distinguer. Sweetheart et Nick avaient à l'époque environ sept et neuf ans et étaient les cadets du banc.

Il y avait aussi Long-Tall, Hatchet et Spur, de très gros dauphins mâles, et Grandy, la mère de Sweetheart et de Nick. J'étais excitée juste à l'idée d'établir un contact visuel avec eux, me penchant par-dessus la rambarde et les voyant se tourner sur le côté pour capter notre regard. Le sentiment de me sentir si près des dauphins laissait monter les larmes dans mes yeux. Je tressaillais de joie en les voyant et je ne pouvais m'empêcher de me sentir bénie du Ciel.

Peu après, nous nous sommes arrêtés. Ron avait sa propre sagesse au sujet de qui devrait aller en premier à l'eau et nous étions tous d'accord pour suivre son plan. Malgré cela, je pouvais à peine attendre mon tour. Roberta, Don et moi irions à l'eau ensemble. En mettant nos masque, tuba et palmes, nous disions former une équipe, à l'instar des dauphins qui restent toujours en contact les uns avec les autres, au sein d'un même groupe. De plus, si les dauphins choisissaient d'être avec nous, ils viendraient autour de nous. Sinon, nous ne les poursuivrions pas, car nous voulions respecter la confiance que Ron avait établie avec eux depuis longtemps.

Doucement, nous nous sommes glissés à l'eau, laissant sa chaleur caresser notre peau. C'était si agréable ; moi, j'aime l'eau chaude ! L'eau était peu profonde, pas plus de quatre mètres, et nous voyions la lumière du soleil danser sur le sable blanc au-dessous de nous.

Quelques instants plus tard, plusieurs dauphins se sont glissés sous nous. « Je me sens chez moi ; ce sont mes amis », ai-je pensé, mon cœur s'épanchant vers eux. Mes yeux se sont remplis de larmes dans mon masque et une émotion intense s'est emparée de moi. Même lorsque je n'arrivais à en voir aucun, je pouvais tout de même entendre leur écholocation et sentir leur sonar toucher mon corps. C'était étrange de « sentir » le son toucher mon corps. Je me sentais *vue* dans mes émotions, de même que dans ma forme. Puis les dauphins se sont éclipsés aussi rapidement qu'ils étaient apparus.

Je me suis souvenue de l'affirmation : « Imagine le résultat que tu désires » et, dans ma pensée, j'ai envoyé mon amour à Sweetheart. Pour une raison quelconque, mon cœur s'était attaché à lui en particulier, alors que je l'observais, appuyée sur la rambarde du bateau. Maintenant, je lui envoyais l'image d'un amour total, lui projetant la sensation d'un abandon complet, comme un amant le ferait.

Soudain, un dauphin s'est rapidement dirigé vers moi, a filé sous moi pour ensuite simplement sauter hors de l'eau et tracer une arabesque dans l'air. Ébahie, j'ai sorti la tête de l'eau pour voir si les autres sur le bateau l'avaient vu bondir aussi.

« Tu dois lui avoir dit quelque chose de fantastique », s'est exclamé le capitaine. J'ai rougi, mais heureusement personne ne pouvait s'en apercevoir à cause de mon masque rose.

Comme si Roberta, Don et moi étions liés par télépathie, nous nous sommes simultanément mis à danser ensemble un ballet sous l'eau, plongeant et tournoyant les uns autour des autres. J'ai oublié un instant que nous voulions être avec les dauphins, appréciant simplement ce ballet aquatique à trois. À ce même instant, plusieurs dauphins sont venus se joindre à notre union, se mêlant avec grâce à nos mouvements. Complètement fondus dans cette expérience, nous étions une mer de vagues nous entrelaçant, sans pourtant jamais nous toucher, mais nous frôlant de très près. De gros corps gris luisants se mêlaient au sentiment de nos cœurs et nous répondaient comme une seule pensée. Pendant quelques instants, nous avons formé un banc d'humains-dauphins mus uniquement par notre intuition, portés par la grâce de notre amour mutuel.

En remontant prendre mon souffle, l'idée m'est venue que les dauphins devaient connaître avec précision les mouvements de nos corps pour arriver à une telle agilité, à une telle proximité et à une telle grâce. Notre union était un don du Ciel, et nous n'aurions jamais pu mieux la coordonner. Peut-être l'attention que nous avions portée à nous sentir nous-mêmes une équipe avant d'entrer dans l'eau nous avait-elle préparés à laisser notre pensée individuelle de côté pour devenir temporairement une équipe. Comme pour confirmer notre comportement, ce petit groupe de dauphins s'est rapproché de nous juste à cet instant et s'est mêlé à nous. Nous voilà, humains et dauphins, plongeant comme si nous étions un, chacun prêt à répondre à l'autre, recevant le don de l'union qui faisait le pont entre nos espèces si différentes.

Une fois revenus sur le bateau, nous étions dans un état d'exaltation totale. Nous nous sommes assis avec les parents et leur fille, et j'ai remarqué le cercle que nous formions ensemble, la chaleur qui se dégageait entre nous et le respect que j'éprouvais pour chacun. Cela faisait-il partie de la grâce que les dauphins nous avaient léguée ?

À maintes reprises, j'ai observé que les gens abandonnaient leurs préjugés lorsqu'ils commençaient à utiliser l'imagerie. La pensée qui ne porte aucun jugement ne connaît pas la différenciation. Elle peut capter l'ensemble d'une situation, reconnaître les mécanismes profonds. Particulièrement lorsque la pensée est axée sur l'énergie qui affirme la vie, plus de lumière semble émaner du cœur de la personne, qui parvient plus facilement à voir la lumière émaner du cœur de quelqu'un d'autre.

Rachel, l'adolescente, se réjouissait à l'avance de raconter à ses amis d'école la connaissance qu'elle avait glanée en nageant avec les dauphins. Elle sentait que leur contact avait éveillé en elle de profondes révélations. Elle était pleine d'enthousiasme pour ses nouvelles idées et sensations, et j'honorais sa vieille âme. Quelle chance pour elle d'avoir des parents qui avaient eu la sagesse de lui permettre cette expérience, et combien d'autres personnes en bénéficieraient !

Notre expédition touchait à sa fin ce matin-là et nous nous préparions à rentrer, saluant les dauphins. Nous avions commencé à nous lier d'amitié avec ce banc de dauphins et nous reviendrions le lendemain, sans aucun doute.

Chapitre 41

Le lendemain après-midi, nous sommes retournés en mer. Notre patience avait été mise à l'épreuve toute la matinée en attendant notre prochaine excursion, mais notre corps avait apprécié le repos. L'humidité et la nouveauté de tout ce qui nous entourait exigeaient un peu d'adaptation de notre part. Pour le repas du midi, nous avons acheté des sandwiches végétariens dans une boutique d'aliments naturels sur le bord de l'eau. Nous avons passé du temps à observer la formation des nuages en perpétuel changement sur un fond de ciel bleu azur.

Les dauphins avaient été actifs durant la matinée, nous a rapporté Don, en montant à bord du bateau où d'autres personnes se sont jointes à nous. Mon esprit critique n'était pas endormi et j'ai remarqué qu'un des garçons en particulier n'était pas tout à fait de « mon » goût. « Que puis-je y faire ? » me suis-je demandé, et je suis partie déposer nos sandwiches au réfrigérateur.

Bientôt, nous prenions la mer en direction du terrain de jeu des dauphins. Apparemment, les dauphins reconnaissaient le son du bateau de Ron et venaient dans sa direction lorsqu'ils avaient envie d'interaction humaine. « Allaient-ils être d'humeur à se joindre à nous cet après-midi après une matinée si active ? » me suis-je dit intérieurement.

Mes pensées n'étaient pas sans fondement, car nous avons dû attendre un long moment à nous laisser simplement bercer par les vagues, à regarder et à espérer. Puis, nous en avons aperçu *un*. C'était Sweetheart et Ron l'a reconnu immédiatement. Un seul dauphin n'était pas la meilleure option pour un groupe de six mordus. « Le voyage de cet après-midi serait-il en vain ? » ai-je songé. Puis une idée brillante m'est venue.

Je me suis mise sur la même longueur d'onde que Sweetheart en sentant tout bonnement que nous pouvions nous parler. Si je mettais en paroles ce que je lui ai alors envoyé en pensées et en sentiments, cela se traduirait ainsi : « Bonjour Sweetheart, je vois que tu es venu jouer, mais nous sommes six, et ce serait tellement plus amusant si nous pouvions nager ensemble avec plusieurs dauphins. Pourrais-tu aller chercher quelques amis et membres de ta famille ? » J'ai pensé qu'il avait perçu mon message puisque j'ai reçu la réponse suivante : « Oui, je vais voir si je peux les persuader de venir. Je serai de retour dans quinze minutes. »

« Fantastique ! ai-je pensé, mais il ne faut dire à personne ce que j'ai entendu, spécialement au sujet des quinze minutes, car ils croiront que je suis timbrée. » En un éclair, Sweetheart a disparu, laissant chacun déçu, sauf moi. « Ce que j'ai entendu pourrait donc être vrai », ai-je songé.

J'ai eu peine à en croire mes yeux lorsque, quinze minutes plus tard, tout un banc de dauphins est arrivé. Il y avait Grandy, qui portait un petit, Nick, Sweetheart, Long-Tall, Hatchet et quelques autres. « Les dauphins communiquent vraiment par télépathie et savent même être ponctuels », me suis-je dit en souriant intérieurement.

Nous avions maintenant tous le cœur en fête ! Au départ, la situation nous avait paru plutôt pessimiste, et il était impossible de savoir à l'avance si les dauphins étaient d'humeur à jouer ou non. Ce jour-là, ma petite demande devait avoir coïncidé avec leur désir de se joindre à nous, ce qui m'avait grandement réjouie.

Chacun de nous a eu la chance de nager avec les dauphins, à tour de rôle. Ainsi, nous n'étions pas trop nombreux dans l'eau en même temps. Je me suis exercée à retenir mon souffle un peu plus longtemps et alors que je nageais comme je m'imaginais qu'un dauphin le ferait, trois d'entre eux se sont montrés juste en dessous de moi dans un mouvement leste et spontané. Battre des pieds exigeait beaucoup d'efforts et j'ai vite été à bout de souffle. Comme si les dauphins reconnaissaient cette condition difficile, je me suis sentie aussitôt emporter dans une enveloppe silencieuse d'unité et nous avons commencé à glisser sous l'eau à l'unisson avec une grande facilité.

Plus aucun effort n'était requis, plus aucun besoin de reprendre mon souffle. Pendant un bon moment, nous nous sommes fondus en une seule pensée, une seule enveloppe d'énergie, un seul champ de force. Puis, j'ai entendu intérieurement qu'il était temps que j'aille respirer et je suis vite remontée à la surface argentée de l'océan. « Avez-vous vu cela ? » ai-demandé aux gens sur le bateau.

« Ah oui, alors, tu filais à vive allure ! » a répondu Ron.

Ce n'était donc pas seulement dans ma tête, j'allais réellement plus vite. Étonnant ! Les dauphins pouvaient-ils créer un champ d'énergie autour d'eux et envelopper un autre être dans leur champ de force, augmentant ainsi la force physique les uns des autres ? Cette expérience sous l'eau se rapprochait le plus de ce que pouvait représenter le fait d'être dans une autre dimension tout en restant pleinement actif dans le monde physique.

Et, dans ce sentiment de reconnaissance, j'ai envoyé une question aux dauphins : « Puis-je faire quelque chose pour vous, d'une façon ou d'une autre ? »

Instantanément, j'ai reçu l'image d'un nuage de sable en forme de champignon jaillissant de l'eau. Était-ce l'image d'une bombe qui explosait sous l'eau ? Se livrait-on encore à de telles expériences ? Pour une raison quelconque, je ne croyais plus que l'on faisait encore exploser des bombes nucléaires sous l'eau. J'ai cherché dans ma pensée. Les Cubains, non loin d'ici, lançaient-ils des bombes ? Que pouvait signifier cette image ? En fait, c'était clair et net, mais je n'arrivais pas à établir la correspondance entre le sens de cette image et ma connaissance des faits courants. Je ne savais pas non plus par quels moyens je pouvais remédier à la situation.

Ceci avait conclu notre voyage et nous sommes retournés au rivage. J'ai remarqué à quel point même le garçon « peu sympathique » était devenu vraiment plus amical et comment nous nous sentions un « banc » d'humains enjoués.

La journée avait été riche de bénédictions, et je m'étais encore rapprochée de cet état multidimensionnel avec les dauphins.

Chapitre 42

Le lendemain, nous avons été inondés par un orage tropical. Des heures entières, nous avons été prisonniers des pluies diluviennes. Évidemment, il n'était pas question d'aller en mer cette journée-là et nous nous demandions sérieusement si la pluie cesserait un jour. Finalement, vers la fin de l'après-midi, les nuages orageux se sont dissipés pour laisser place à un splendide coucher de soleil. Ce soir-là, nous sommes allés sur la célèbre promenade de Key West, où des artistes exhibent leurs talents. « Biscuiiits, biscuiiits au bon chocolat ! » annonçait une femme dans la cinquantaine avec sa bicyclette à laquelle était attaché un petit étalage.

Des mimes, des hommes enchaînés, des avaleurs de feu et des artisans composaient la scène débordante de vie ! Nous avons particulièrement apprécié un Africain qui, tout en grattant sa guitare, chantait de beaux airs venus du fond du cœur. C'était un homme assez âgé et l'atmosphère s'emplissait de ses mélodies. La qualité de sa voix démontrait une maturité que seuls le temps et l'expérience peuvent procurer.

Le lendemain matin, Don et moi tenions vraiment à retourner de nouveau sur la mer, d'autant plus que c'était notre dernière journée. Cette fois-ci, Roberta ne pouvait pas nous accompagner. Nous formions encore un groupe de six personnes et le ciel bleu était prometteur. De nouveau, j'ai fait mes exercices de respiration, car ils agissaient puissamment sur moi. Je me sentais aux anges par la simple action de respirer lentement et avec attention. Il y a quelque temps, j'ai rencontré un homme qui voulait m'enseigner « une technique de respiration très efficace remontant à une tradition du yoga ». J'ai été ravie de découvrir qu'il s'agissait de la technique enseignée par Yogananda et décrite également dans le livre d'Itzak Bentov, *Univers vibratoire et conscience*. Cette technique de respiration alternée déclenche réellement un état modifié de la conscience, particulièrement lorsqu'on s'imagine absorber la pure lumière blanche en respirant.

En approchant de l'endroit où notre famille de dauphins venait normalement jouer, j'ai commencé à voir le groupe de personnes présentes sur le bateau comme formant une seule équipe. Je me suis demandé : « Que se produirait-il si je nous voyais comme une seule pensée ? » J'ai fermé les yeux et je me suis laissée aller à la sensation de paix qui m'entourait. En pensée, je me suis élevée jusqu'à ce que je me retrouve au-dessus du bateau.

Intérieurement, j'ai atteint un niveau vibratoire encore plus élevé et les limites que nous connaissons dans le monde physique se sont dissoutes. Je flottais dans les hautes sphères et j'ai prétendu que chacun de nous sur le bateau devenait une étoile scintillante. Je pouvais percevoir la quintessence unique au cœur de chaque étoile et je portais un hommage solennel à chacune. Ce faisant, je « nous » ai imaginés dans cet état d'union intérieure en train de former un cercle qui se fondait en une seule grande étoile unifiée.

« Seigneur, s'est exclamé quelqu'un, regardez ça ! Il y a une quinzaine de dauphins ici. »

J'ai ouvert les yeux et c'était incroyable ! Les dauphins étaient apparus comme par miracle, nageant en un cercle parfait. Leur museau et leur nageoire dorsale apparaissaient clairement à la surface de l'eau, créant la forme d'un cercle. Comme je relâchais ma concentration de l'unité que notre étoile humaine formait, les dauphins se sont dissociés également de leur cercle, nageant çà et là. J'ai décidé de vérifier si la vision d'une pensée unifiant les humains avait une correspondance quelconque avec cette configuration peu usuelle que les dauphins avaient formée en nageant.

Je me suis élevée encore dans ma vision intérieure et je me suis mise au diapason de l'Unité de notre groupe. À nouveau, je nous ai vus, chacun représenté par l'image d'une étoile, et j'ai réuni toutes ces étoiles en une. Rapidement, j'ai ouvert les yeux. Oui, en effet ! Les dauphins avaient encore formé un cercle parfait à la droite du bateau. Était-ce réel ? Ils doivent être hyper, mais alors, *hyperréceptifs* ! J'étais sidérée.

Les dauphins nageaient en cercle et, pour que nous puissions les apercevoir clairement, ils avaient sorti une partie de leur corps hors de l'eau tout en nageant en synchronie, tel un anneau. Ils auraient pu rester sous l'eau, comme ils le font habituellement, mais nous n'aurions pu les voir. Était-ce une réponse pour nous, pour moi, de sorte que je puisse comprendre la correspondance entre la réalité intérieure et la réalité extérieure ?

Ensuite, j'ai pensé à l'expérience ultime ! Qu'arriverait-il si j'imaginais la pensée unissant tous les dauphins et celle unissant tous les humains, et que je les superposais ? J'ai senti un amour débordant pour nous tous ici, et je suis retournée m'asseoir paisiblement.

La chose la plus étonnante s'est alors produite ! En pensée, je me suis projetée dans les régions élevées et j'ai commencé à voir les dauphins comme un groupe d'étoiles unies. En même temps, j'ai vu les humains s'unissant aussi en un cercle d'étoiles. Puis j'ai superposé les images du cercle d'étoiles des dauphins et de celui des humains, créant une sensation de fusion entre les deux.

Dans l'accomplissement de cet exercice, je me suis sentie enveloppée dans un intense sentiment d'unité et d'amour. D'une manière indescriptible, j'ai été soulevée dans une sphère d'Unité et dans la plus pure sensation d'amour et de vie intenses. C'était la pure félicité, me donnant l'impression d'être en fusion parfaite avec Dieu. La lumière vibrait dans chacune de mes cellules et en chacun de nous, maintenant unis en un Tout indistinct. J'étais au paradis.

Curieuse de savoir si cette nouvelle image avait eu un effet sur la configuration des dauphins, j'ai regardé le banc à la dérobée pour voir ce qu'ils faisaient. Je ne m'attendais pas à voir le tableau qui s'est présenté à moi.

Un autre banc d'environ une quinzaine de dauphins était arrivé, comme venant de nulle part, et s'était joint au premier banc pour former un cercle géant d'une trentaine de dauphins. Lorsque j'ai recentré mon attention du monde intérieur vers le monde extérieur, les dauphins se sont divisés en deux groupes distincts, flottant étrangement près de la surface, mais en deux groupes circulaires.

Ça alors, c'était inimaginable ! Ce n'était pourtant pas une performance, ni un « tour » appris. Les dauphins me reflétaient l'indéniable réalité selon laquelle notre imagination est cocréatrice. Mon imagination ne touchait pas *uniquement* mon intérieur à moi ; elle devait clairement avoir été captée par les dauphins qui, dans leur bienveillance, nous avaient reflété l'image par la configuration symbolique de leur nage.

Vite, j'ai encore fermé les yeux. Était-ce seulement une coïncidence ? Je me suis reconcentrée sur la même image. Notre fusion était de nouveau indescriptible. C'était l'extase la plus exaltante possible, et j'étais récompensée par un tressaillement de joie, de plénitude et de reconnaissance jamais imaginé, me propulsant aussi près de l'illumination que je pouvais le rêver.

La curiosité me gagnait, et j'ai ouvert les yeux. C'était arrivé à nouveau ! Les deux cercles de dauphins s'étaient fondus en un, qui commençait lentement à se dissoudre après que j'eus relâché ma concentration. NOUS ÉTIONS UN ! Notre imagination produit des effets jusque dans les plus petits interstices de notre réalité tridimensionnelle ! Les dauphins ont tendance à apparaître presque instantanément en réponse à l'imagerie, et le large groupe d'aujourd'hui était arrivé on ne sait d'où. Les dauphins me faisaient peut-être vivre par cajoleries une expérience particulière d'imagerie. Mais une chose était certaine : *Une réalité plus vaste devenait accessible par la fusion des humains et des dauphins.*

Le cercle des dauphins me rappelait le rêve dans lequel ils m'avaient encerclée et m'avaient annoncé qu'ils allaient restructurer mon système énergétique. Les dauphins travaillent-ils autant dans les autres dimensions que dans l'eau ? Les rêves, la communication télé-pathique et, maintenant, cette expérience « hors de l'eau », m'avaient permis de pénétrer une dimension de la communication avec les dauphins qui dépassait les limites du monde matériel.

Lentement, je me sentais dirigée vers une compréhension reliant les dimensions subjective et objective de la vie. Notre imagination est véri-tablement plus qu'une simple fonction cognitive de notre raison ; elle est un pont qui mène au monde « invisible ». C'est un monde com-posé de fils de Lumière, le réseau de vie qui crée l'étoffe même du monde solide que nous voyons. Notre imagination tisse sans cesse dans cette étoffe de lumière, cocréant la réalité à tout instant. Où cher-chait-on à m'amener ?

Chapitre 43

Après ce moment « d'euphorie » dans les dimensions intérieures, c'était agréable de se plonger dans la mer et de nager avec les dauphins. L'activité physique apportait un bon équilibre à l'intensité profonde que je venais tout juste de vivre. L'eau reflétait les rayons du soleil et les éclaboussures de cet univers liquide faisaient du bien à ma peau.

Dès que Don, une autre personne et moi nous sommes glissés dans l'eau, les dauphins sont immédiatement arrivés et nous avons ouvert notre ballet aquatique. Dans un élan joyeux, les dauphins nageaient à quelques centimètres de moi. Ils étaient devenus très vifs et m'effrayaient presque en me frôlant de si près, mais je me suis détendue et me suis réjouie de ce rapprochement inhabituel.

Un changement remarquable s'était produit dans la façon dont les dauphins s'étaient physiquement rapprochés de nous. Nous avaient-ils sondés les jours précédents ? À chaque rencontre, ils semblaient nager plus près de nous que la veille. D'une certaine manière, cela s'expliquait car, après tout, les humains aborderaient un étranger avec un peu de prudence d'abord, se rapprochant davantage à chaque rencontre. J'avais également l'impression que les dauphins nous avaient sondés à distance au moyen de leur radar, même lorsque nous étions à bord du bateau, pour voir de quelle trempe nous étions.

Après avoir nagé un certain temps, j'ai remarqué que Don était absent depuis un bon moment et je me suis mise à le chercher. Les gens sur le bateau m'ont aidée en me faisant un signe dans sa direction. Plus tard, il m'a raconté l'expérience extraordinaire qu'il avait vécue avec Grandy, la maman dauphin. Elle s'était prise d'affection pour lui, l'avait choisi en l'amenant nager à côté d'elle, dans des mouvements de vagues, un comportement que Ron trouvait lui-même très inhabituel. Don et Grandy nageaient de pair, communiant ensemble, approfondissant leur relation, partageant leurs idées sur le petit qu'elle portait. Une vingtaine de minutes plus tard, leur échange en était venu à sa fin et Grandy, d'un grand coup de la pointe de sa queue, avait fait ses adieux avant de s'éclipser. Don avait trouvé impressionnant de se trouver nez à nez avec un dauphin, comme s'ils étaient de bons amis.

Grandy frottait parfois son gros ventre contre le fond, souvent en compagnie de deux autres dauphins. Plus tard, alors que nous étions remontés sur le bateau, je me suis sentie poussée à « bénir » le bébé qui allait naître. Je me suis avancée à l'avant du bateau, où la rambarde, plus basse, me permettait de capter le regard des dauphins qui venaient nager dans la vague de proue, juste au-dessous de nous.

Mentalement, j'ai fait savoir à Grandy que je voulais les bénir, elle et son bébé, leur offrant l'état de conscience et d'énergie le plus lumineux que je pouvais générer et, à mon grand étonnement, elle est arrivée précisément là où je me tenais. Les mains ouvertes, paumes dirigées vers le bas, j'ai concentré mon attention sur le rayon de lumière le plus puissant que je pouvais imaginer. Comme si je pouvais voir ce rayon descendre de très haut dans le ciel, j'ai imaginé Grandy inondée dans ce faisceau lumineux. J'ai maintenu ma concentration intensément durant quelques minutes et j'ai senti que Grandy adorait baigner dans cette lumière. Dès que mon attention s'est détournée de cette image, elle s'est éloignée. La réaction de son départ à l'instant où je relâchais mon imagerie était très révélatrice. Elle était venue vers moi au moment précis où j'avais commencé à lui offrir ma bénédiction et elle était repartie à l'instant même où j'avais mis fin à ma concentration.

Les dauphins semblent réagir instantanément aux petits signes intérieurs, leçon qu'ils essayaient de m'apprendre, je crois, d'après les circonstances qui ont suivi.

L'excursion de la journée se terminait et nous étions prêts à rentrer. Ron halait les câbles que nous avions utilisés plus tôt sur le système de remorquage quand, soudain, j'ai senti un *appel* très clair d'un dauphin qui m'invitait à sauter à l'eau *maintenant*, parce que l'un d'eux s'avançait vers le bateau. Ron avait laissé certains d'entre nous sauter à l'eau pour se rafraîchir avant de partir. Étant donné qu'il revenait à Ron de décider qui pouvait aller ou non à l'eau, je lui ai demandé la permission d'y aller à mon tour, comme j'étais censée le faire.

« Non ! » a-t-il répondu, ajoutant que nous allions bientôt partir et que, de toute façon, les dauphins s'étaient éloignés. À cet instant, un énorme dauphin mâle, Spur, a surgi de l'eau, là où je me tenais, à l'arrière du bateau.

« Écoute ta propre autorité, agis davantage en conformité avec les vérités profondes que tu connais », était le message intérieur.

La leçon était claire ! Rien de mieux que de perdre une occasion pareille avec un dauphin pour m'amener à saisir la leçon une fois pour toutes. J'ai compris à quel point nous, humains, réfrénons souvent notre intuition. Combien de fois avais-je choisi de ne pas faire quelque chose simplement parce que cela ne cadrait pas avec les normes ?

Les conventions sociales, les ententes et les valeurs morales sont avantageuses, car elles nous permettent de vivre dans une civilisation où coexistent de nombreux états de conscience et des niveaux d'éthique et de responsabilité différents. Dans la société, nous avons à la fois des gens qui croient que voler n'est rien et d'autres, qui sentent l'obligation de faire remarquer à la caissière qu'elle ne leur a pas fait payer assez.

Toutefois, lorsqu'une personne accepte d'être honnête, de soutenir une morale de vie dans son cœur, de garder sans cesse à l'esprit le bien-être des autres et que ces règles normales de vie deviennent centrales pour elle, alors cette même personne commence à être dirigée par un autre ensemble de lois plus subtiles. Ces lois supérieures sont aussi réelles et ont leur propre raison d'être. Elles prennent en considération que l'être en question a un sens accru du *Soi* et des lois gouvernant le temps et l'espace. C'est par notre voix intérieure que nous pouvons entendre ces intuitions.

Aujourd'hui, en présence des dauphins, je me suis rendu compte qu'il me fallait écouter davantage ma voix intérieure.

La chance de nager si près des dauphins, le cercle d'unité qui m'avait tant réjouie et l'expérience extraordinaire que Don avait vécue avec Grandy me donnaient aujourd'hui le sentiment d'être au paradis ! Ma perception du monde changeait, et j'ai vu l'imagerie du monde subjectif et celle du monde objectif, à l'apparence si concrète, converger.

Si seulement je pouvais saisir le sens du message que les dauphins m'avaient envoyé au sujet de la détonation de la bombe sous l'eau ! Je n'arrivais pas à en trouver la signification, du moins pas encore.

Chapitre 44

Le lendemain matin, j'ai reçu un appel à nos bureaux de la part de mon amie Loraine à Hawaii. Elle voulait absolument me parler d'une expérience des plus extraordinaires qu'elle avait vécue en nageant avec les dauphins sur la grande île d'Hawaii. J'ai pu la joindre au téléphone et j'en étais bien contente. Elle était encore toute remplie de son expérience et souhaitait me la communiquer parce qu'elle sentait qu'elle contenait peut-être un message pour moi.

Tandis qu'elle nageait dans une des baies de la grande île fréquentée par des dauphins à long bec qui vont souvent s'y reposer, y jouer et s'y reproduire, un groupe de dauphins s'était rapproché très près d'elle et de son amie. Elle avait remarqué que certains des baigneurs présents dans la baie manquaient à l'étiquette envers les dauphins et se sentaient souvent délaissés par eux. Dans leur excitation de voir enfin un dauphin, ils se lançaient à sa poursuite sans savoir que c'est précisément ce qui le chassait. Apprendre à nager avec les dauphins exige normalement un peu d'apprentissage. Je savais à quel point il était difficile d'avoir la maîtrise de la situation, qu'il s'agisse d'un nouvel équipement ou de la profondeur de l'eau et, en même temps, d'être assez sensible pour savoir quel comportement adopter. En mon sens, l'imagerie est une des méthodes les plus efficaces pour réussir à nager avec les dauphins en liberté.

Aujourd'hui, Loraine avait reçu un message renversant en nageant avec les dauphins dans la baie.

La journée avait été fabuleuse. Plus tôt, un groupe de dauphins avaient nagé rapidement en cercle autour d'elle, créant un vortex et la gardant au centre sans, du regard, perdre le contact avec elle. Puis, comme elle regagnait le bord de la plage, elle se disait qu'elle aurait dû recevoir un message de cette expérience, mais sans savoir ce que cela aurait bien pu être.

Juste comme elle retournait au rivage avec son amie, elle a entendu le bruit du sonar des dauphins derrière elle d'une manière assez étrange. Elle sentait qu'ils essayaient de lui faire comprendre quelque chose.

Tout à coup, elle a aperçu un banc de rougets sur le côté, en dessous d'elle, ce qui est très rare dans cette baie. Ce banc de poissons des mers ressemblait à une gravure et, en un éclair, elle a saisi que les dauphins allaient communiquer avec elle par ce tableau sous-marin vivant.

« Peux-tu t'imaginer ? » a-t-elle continué tout heureuse. « Premièrement, j'ai vu se dessiner des formes géométriques avec le corps des rougets. Je ne comprends pas comment ils ont pu y arriver, mais les images me rappelaient le genre de figures créées en répandant sur la surface d'un tambour ou sur une fine peau du sable qui prend la forme d'un dessin lorsque des sons sont émis, chaque son produisant une image correspondante particulière. »

De fait, j'avais déjà vu de telles images et elles m'intriguaient. Sharry Edwards de la firme Signature Sound Works à Athens, en Ohio, a fait des recherches exhaustives sur le son et a découvert que la santé de quelqu'un est en relation avec les sons présents ou absents dans sa voix. Elle a construit des graphiques à partir de voix humaines et a constaté que lorsque certaines notes de la gamme chromatique sont absentes ou accentuées, cela correspond à un type de maladie. Réciproquement, elle a aussi découvert que lorsqu'une personne chante, joue d'un instrument ou réintroduit d'une autre façon le son manquant ou accentué dans son système physique, elle guérit. Des miracles se sont produits en réintroduisant le son manquant.

Lors d'un congrès du Global Science, où Don et moi avions donné une conférence, Mme Edwards avait fait une présentation multimédia sur ses recherches. C'était vraiment fascinant. Nous y avions vu une séquence vidéo sur un patient paralysé qui avait retrouvé la mobilité de son bras grâce à la thérapie par le son !

Parmi les diapositives qu'elle nous avait montrées, les plus impressionnantes, selon moi, étaient celles où elle avait visualisé la forme d'une mosquée pendant qu'elle chantait une note pure. Un ordinateur d'analyse spectrale très sensible avait enregistré les ondes émises par sa voix et reproduit l'analyse informatique de l'image des fréquences sur papier. Au grand étonnement de chacun, le dessin représentait une mosquée avec son toit en forme de cloche surmonté d'un minaret en pointe. Une autre image était celle d'une cloche, avec les mêmes résultats. La forme de l'image qu'elle tenait en pensée pendant qu'elle chantait pouvait être reproduite sur papier par l'analyse des fréquences du son.

« Peut-être devrions-nous tous être plus vigilants par rapport aux images que nous tenons intérieurement », ai-je songé.

Loraine a continué son récit. L'image la plus surprenante qu'elle avait vue dans le banc de poissons était celle d'un « beigne ». « C'était l'image la plus proche de tout ce que je connaissais dans ma vie humaine », a-t-elle affirmé. J'ai ri en lui demandant si elle croyait que les dauphins essayaient de lui dire de retourner à la plage et de manger un bon beigne.

« Non, pas du tout, a-t-elle répondu, c'était d'une portée plus cosmique, mais je n'arrivais pas à comprendre ce que cela pouvait bien signifier. En fait, je t'appelais parce que je pensais que tu pourrais m'aider à en saisir le sens », a-t-elle conclu.

C'est alors que j'ai compris ! Le beigne ! Un tore ! L'image de la matrice de la création ! Les dauphins lui avaient probablement signalé l'image de la création, gravant celle-ci par le moyen du banc de poissons qui avait accepté de collaborer à l'expérience.

Dans le rêve que j'avais fait la nuit précédant la présentation de Morey B. King sur les gens qui voient la terre plate, j'avais intérieurement reçu l'image de la matrice de la création, la forme toroïdale. Depuis lors, cette image ne m'avait plus quittée, et j'avais commencé à comprendre comment le travail d'imagerie enseigné par notre voyageur du temps suivait le modèle de la matrice d'un tore.

Les trous noirs se transforment en trous blancs. Dans le processus de transformation par l'imagerie, nous parlons à une vieille image, souvent chargée d'une souffrance amère ou qui bloque la vie d'une façon ou d'une autre. Puis, nous la suivons jusqu'à ses racines les plus profondes, dans un trou noir, si l'on peut dire, pour découvrir finalement qu'il existe, au-delà de ce point, un désir encore plus profond que l'on peut comparer à un trou blanc et qui est son intention véritable. Lorsque cette intention sous-jacente s'exprime et prend la forme de sa nouvelle image, c'est comme passer des régions du trou noir à celles d'un trou blanc. Par cet exercice, nous changeons de dimension. Nous recyclons l'ancienne énergie et l'amenons à un degré supérieur.

J'en étais venue à accepter qu'ici, sur ce plan de manifestation, nous mettons en branle, avec chaque nouvelle pensée, une action qui finira par « durcir », se manifester, et qui, en fin de compte, deviendra un trou noir, un tremplin nous permettant d'atteindre le prochain niveau de fréquence vers, encore une fois, une autre forme d'expression plus haute de la vie.

La vie ne semble pas s'interrompre lorsqu'elle atteint le « sommet » de l'Unité, l'union ultime avec Dieu. D'après ce que je pouvais comprendre de mon expérience de l'imagerie, bien qu'encore imparfaitement, la vie continue éternellement. Pour moi, le point d'ancrage pour tout ce qui touche à la création est *de rester centré sur la présence de Dieu*, dans l'Unité aussi souvent que possible, *tout en vivant dans la création*. Je me suis vue au centre du tore, où la vie s'effondre dans le trou noir et renaît dans le trou blanc, et à la périphérie. La forme toroïdale ressemblait à une fontaine dont l'eau jaillissait, cascadait jusqu'à sa base et remontait en son centre, pénétrant encore le Centre, l'Unité, la Source.

Pour arriver à surmonter les difficultés d'opposition entre les ténèbres et la lumière, il faut arriver à embrasser ces deux pôles. La polarité est l'un des secrets de l'univers. Une fois que l'on arrive à entretenir harmonieusement un paradoxe en soi, on « s'élève » automatiquement au-dessus de celui-ci, on devient libre de cet état d'oscillation entre un pôle et l'autre.

Apprendre à aimer et à apprécier les vieux sentiments et les images anciennes, souvent destructeurs, que nous portons en nous nous libère et permet au potentiel caché et supérieur de se révéler. Mais en premier lieu, il nous faut être capables de contenir les deux aspects dans notre cœur.

Le tore est une expression *symbolique* du fonctionnement de l'univers, et de nombreux prophètes, visionnaires et individus qui ont vécu des expériences de vie après la mort ont eu la même vision. Loraine n'avait pas encore entre les mains l'information concernant le tore, mais déjà son sens la captivait. Le tore est comme une boucle infinie [∞], mais plus complexe, et il inclut non seulement l'idée de la réalité éternelle et infinie, mais beaucoup d'autres aspects tels que la matérialisation et la spiritualisation, les ténèbres et la lumière, la réalité tangible et les réalités subtiles, l'unité et la diversité, Dieu et la Création, en tant que dichotomies perpétuelles.

Avais-je aidé Loraine à capter le message que les dauphins lui avaient envoyé, ou étais-je moi-même censée comprendre quelque chose de plus ? Je sentais, certainement, que le message du beigne était une réaffirmation plus profonde de mes propres observations. Je me sentais en accord avec le travail d'imagerie que nous avions étudié. Y avait-il davantage que ça ?

Chapitre 45

Le voyage à Key West avait été très satisfaisant, et j'étais profondément reconnaissante envers Roberta de nous avoir invités à la rejoindre. Comblés de nouvelles expériences et saisis d'une admiration encore plus vive pour les dauphins, nous sommes, Don et moi, retournés à la maison. Nos affaires nous attendaient, le travail s'étant accumulé pendant notre absence. Ma flûte m'appelait aussi et elle m'avait manqué beaucoup pendant tous ces voyages.

Nos séances d'enregistrements marchaient bien, et je découvrais des nuances de sons nouveaux en résonance avec une partie de moi-même. Chaque changement que je vivais dans un domaine de ma vie approfondissait mes capacités dans tous les autres aspects, ce que je pouvais maintenant entendre clairement dans ma musique. Il m'arrivait de m'installer avec ma flûte et de voyager en pensée pendant que je jouais. Je touchais un endroit particulièrement mystérieux et je le laissais m'apprendre beaucoup de choses. C'était un endroit dans le futur où j'étais en parfaite harmonie avec la musique et ma flûte. Dans les semaines qui allaient suivre, je remarquerais avec joie à quel point je grandissais : je laissais mon avenir m'enseigner.

Un jour, alors que nous vaquions à nos occupations et terminions certains projets, nous avons reçu un appel d'Eldon Byrd, l'ami inventeur qui nous avait appris à plier le métal. Il avait été invité à donner une conférence au Mexique au sujet de ses recherches sur les dauphins. Il appelait pour savoir si nous aimerions nous joindre à lui pour cette rencontre prévue à l'automne. Le thème en était : *la thérapie assistée par les dauphins*.

Nous avions rencontré Eldon pour la première fois lors d'un congrès de l'Association américaine de recherche psychotronique où lui, Don et moi avions chacun donné des conférences sur divers sujets. Eldon avait traité de ses découvertes sur les sons émis par les dauphins. Un des aspects de sa recherche qui m'avait particulièrement frappée et dont je me souvenais était le suivant : lorsque les dauphins nageaient au large et qu'aucun humain n'était à l'eau dans les environs, aucun signal de seize hertz n'était émis par les dauphins. Cette fréquence correspond à la fréquence mentale, plus active, que le cerveau humain émet durant les heures d'éveil. Lorsque les humains pénétraient dans l'eau, tout à coup les dauphins se mettaient à produire des signaux de seize hertz. Quand une personne entre dans un état d'imagerie ou de méditation, les fréquences cérébrales jouent entre huit et dix hertz. Le sommeil est associé à une fréquence variant entre un et quatre hertz. Les dauphins semblent capables de capter la gamme des fréquences humaines et de les retourner, peut-être pour établir un contact avec eux.

Eldon nous appelait donc pour participer à ce congrès. Assurément, son offre cadrait avec nos démarches de connaître davantage les dauphins. Le congrès se tiendrait à Cancun, au Mexique, et le coût était relativement peu élevé. Nous avons vérifié notre emploi du temps et, en effet, nous pouvions facilement prendre cette semaine-là de congé. Nous avons donc fait immédiatement nos réservations.

À San José, alors que nous attendions notre correspondance vers Mexico, j'ai été attirée par un exemplaire du magazine *Time*, placé dans un étalage juste en face de moi. Le titre de la page couverture m'a presque fait tomber à la renverse. Selon l'article, le président de la France insistait sur le déroulement prévu de son programme d'essais nucléaires dans le Pacifique-Sud, en dépit de l'opposition interna-tionale et de réprimandes universelles ! Et il ne s'agissait pas seulement d'une explosion, mais bien de six. Rien, disait-il, absolu-ment *rien* ne le ferait revenir sur sa décision !

Comme je ne lis pas les journaux habituellement et que nous ne possédons pas de téléviseur, même pour y regarder les nouvelles, l'information au sujet des essais nucléaires m'avait complètement échappé.

La lecture de ces manchettes dans l'aérogare m'a soudainement fait comprendre, comme si la lumière s'était faite d'un coup, le message que les dauphins m'avaient transmis plusieurs mois auparavant alors que nous nagions à Key West. La détonation sous-marine, l'image d'une bombe qui explosait, après que j'avais demandé aux dauphins comment je pouvais les aider, tout s'éclaircissait maintenant. Mais qu'est-ce que je pouvais bien faire ?

Je n'étais pas au courant de la bataille soutenue qui s'était livrée autour de cette question depuis déjà plusieurs mois par l'intervention de la fondation Greenpeace, contre les essais nucléaires.

Les dauphins au large de Key West devaient connaître la situation désespérée de la vie marine dans les mois à venir. Quelque chose de très important circulait sur le « réseau Web » des dauphins. Connaissaient-ils la catastrophe qui se préparait, un événement qui se déroulerait dans le futur ? J'en étais tout à fait ignorante, mais eux, évidemment, le savaient.

Je me sentais dépassée par la situation. La tâche de les aider par rapport aux essais sous-marins me semblait beaucoup trop lourde. Que pouvais-je y faire de toute façon ? J'avais décidé, il est vrai, de contribuer mensuellement à la fondation Greenpeace parce que je comprenais les besoins urgents auxquels elle devait faire face dans des cas comme celui-ci par exemple, mais qu'y avait-il d'autre à faire ?

Cette question allait me tracasser encore durant quelques semaines, jusqu'à ce qu'une idée surgisse à mon esprit. C'était une idée que les dauphins semblaient m'avoir indiquée depuis longtemps. Mais, en premier lieu, il nous fallait participer au congrès sur les dauphins à Cancun.

Chapitre 46

La rencontre était très bien organisée et nous avons été accueillis dès notre arrivée à l'aérogare. Cancun est une ville construite pour les touristes et qui n'a donc pas le caractère de l'ancien Mexique que nous nous attendions à trouver, mais l'hôtel, situé en bordure du golfe du Mexique, offrait des chambres luxueuses et des piscines à un prix très avantageux ; il était donc difficile de résister à ce qui se présentait à nous.

La rencontre s'est ouverte par une soirée cocktail afin de permettre aux gens de faire connaissance. Durant cette rencontre, on devait traiter de la thérapie assistée par les dauphins, et il est vite devenu évident que la plupart des personnes présentant des exposés travaillaient avec des dauphins en captivité. En moins de quelques heures, un petit groupe d'individus intéressés par la recherche sur les dauphins en liberté s'était formé. J'ai soudain découvert qu'il existait, parmi les chercheurs sur les dauphins, une forte division entre les partisans de leur captivité et ceux qui protégeaient leur liberté. La raison pour laquelle les chercheurs sur les dauphins en liberté n'étaient pas davantage représentés résidait dans le fait qu'ils n'avaient pas été invités. D'après le principe selon lequel qui se ressemble s'assemble, je comprenais pourquoi.

Notre petit groupe de « partisans des dauphins en liberté » se composait de Kim, du Danemark, qui avait fait des recherches sur les dauphins en Israël et qui participait à la rencontre à titre d'envoyée d'une agence cinématographique danoise ; d'Eldon, qui avait fait ses recherches en eaux profondes sur les fréquences sonores des dauphins qui dépassaient la gamme de fréquences précédemment mesurée par la marine américaine ; de Terry, une chercheur d'Oahu, à Hawaii, qui aidait les gens à entrer en contact avec des dauphins en liberté ; de Scott, du Colorado, qui amenait les gens nager au large avec les dauphins, et enfin de Don et moi.

Le lendemain se succédaient des présentations faites par des entraîneurs, des thérapeutes et des chercheurs qui avaient travaillé avec des dauphins en captivité et des humains, pour mettre en évidence et définir les bénéfices que les humains tirent de la nage avec ces mammifères. On rapportait que des enfants autistes étaient sortis de leur isolement en présence de dauphins et que certains avaient même prononcé leurs premières paroles à cette occasion, que des enfants ayant des problèmes de comportement semblaient s'améliorer dans l'eau et hors de l'eau lorsqu'ils étaient près des dauphins, que des personnes souffrant de dépression se sentaient radieuses en leur compagnie et que des adultes souffrant de douleurs chroniques avaient senti ces douleurs disparaître temporairement après avoir nagé avec des dauphins.

Il était évident, d'après tous les exposés soutenus par des diaposi- tives et des détails précis, que les dauphins ont un don de guérison fantastique. Les humains semblent bénéficier de leur présence dans l'eau et la thérapie assistée par les dauphins est une thérapie respectée pour aider les humains.

Parmi les concepts présentés, un de ceux qui étaient le plus d'avant-garde consistait à relier des dauphins par un réseau de fils à des appareils de réalité virtuelle pour permettre aux personnes qui ne peuvent se déplacer pour des raisons d'immobilité ou de maladie grave de vivre des expériences de contact avec les dauphins en différé. À ce point, j'ai levé la main en objectant : « Si j'ai bien compris, nous, humains, cherchons à exploiter par la technologie les pouvoirs de guérison des dauphins en captivité et à utiliser ces pouvoirs pour donner un soulagement temporaire à des humains malades précisément à cause de la technologie et de ses résidus toxiques. »

Je suppose que les chercheurs n'ont pas apprécié mes observations, car ils ont vite changé de sujet, mais le concept qu'ils présentaient me laissait perplexe. Est-il juste de la part des humains d'utiliser à leur avantage d'autres êtres, sans leur consentement ? À ma connaissance, les dauphins ne sont pas encore entrés d'eux-mêmes dans les lagunes et les aquariums pour y vivre en captivité...

Je peux certainement comprendre qu'il y ait une grande diversité de points de vue sur la planète. Nous n'arrivons même pas à nous entendre sur un concept commun de Dieu, encore moins sur les valeurs morales, et nous prenons en général l'humanité pour le chef-d'œuvre de la création, nous accordant le « droit » de décider du sort des autres. Dans le monde occidental, nous sommes très loin de penser en termes de la « septième génération » et d'aimer la terre sur laquelle nous marchons. Qui a raison ?

Il ne me restait qu'à décider où j'allais investir mes énergies, par quel moyen j'allais communier avec les dauphins. Le lendemain, les circonstances ont rendu le choix facile. Dans mon cœur, toutefois, je respectais les efforts de chacun et leur désir d'aider les gens. Qui sait ? La thérapie assistée par les dauphins aiderait peut-être le public à porter davantage intérêt aux dauphins pour leur assurer des océans non pollués et la survie de leur magnifique espèce, dont le cerveau est si merveilleusement développé.

Le lendemain, nous étions tous invités à nager avec des dauphins captifs dans une lagune. Les propriétaires se sont montrés aimables et je me sentais très honorée d'être là. Nous devions donc nous répartir en deux groupes de six personnes et chaque groupe aurait deux dauphins. Le temps passé dans l'eau était fractionné en deux volets.

Le premier volet se déroulait dans un contexte de comportements appris, comme se faire pousser dans l'eau par un dauphin, son museau contre nos talons, le faire sauter par-dessus un bâton, ou le laisser nager entre les bras ouverts des participants, qui pouvaient ainsi le flatter. C'était la première fois que je touchais un dauphin et j'en ai presque pleuré, parce qu'il m'apparaissait évident qu'un des dauphins n'aimait pas cela, mais qu'il devait accomplir son « tour » du mieux possible afin de recevoir sa portion de poisson. En effet, dans certains spectacles, refuser la nourriture aux dauphins devient un moyen par lequel les entraîneurs renforcent les comportements « désirés ».

La peau du dauphin, complètement lisse, est très sensible. Ils adorent, en fait, le contact physique, particulièrement entre eux dans l'océan, et nous les avons souvent vus se frotter les uns contre les autres au large.

Leur comportement « appris » me faisait penser à un tour de cirque, mais je suppose que c'est un moyen tangible pour les humains de sentir que le contact avec les dauphins se fait, étant donné que plusieurs subtilités du comportement de ces mammifères marins peuvent échapper à leur perception humaine.

L'autre volet consistait à nager librement parmi les dauphins pendant environ dix à quinze minutes. Nous étions douze personnes en plus des quatre dauphins, qui étaient nourris pour faire des allers-retours et qui circulaient maintenant librement parmi nous. Les personnes qui avaient appris à plonger et à retenir leur souffle profitaient davantage de cet excercice. Don et moi avons essayé notre communication télépathique. Don a imaginé une grosse bulle de lumière dans l'eau et a demandé aux dauphins de lui indiquer s'ils pouvaient voir sa projection en nageant directement au centre de celle-ci.

La première fois qu'un dauphin a nagé dans cette bulle de lumière imaginaire, Don pouvait à peine le croire et a d'abord taxé cette occurrence de coïncidence. Il a alors placé la bulle dans un endroit différent, maintenant éloigné de leur circuit habituel, pour éviter toute coïncidence possible. Mais, à la grande surprise de Don, un dauphin est allé à toute vitesse droit au cœur de la bulle lumineuse. À plusieurs reprises, Don a recommencé, toujours avec le même succès.

Ailleurs, dans la lagune, je m'amusais à plonger et à nager en cercle avec un des dauphins, dont le regard restait tourné vers moi, et je me demandais ce qu'il aimerait que j'écrive dans mon livre sur les dauphins. À un moment donné, j'ai dit intérieurement : « Si tu peux me comprendre, viens me rejoindre, s'il te plaît. » Je n'ai pas vraiment prononcé de mots comme tels dans ma pensée, c'était plutôt l'expression d'un sentiment et d'une image fondus en une boule d'information. Le dauphin est arrivé face à moi et s'est tenu là, presque immobile. Je n'avais jamais observé ce comportement précédemment, puisque les dauphins nagent rarement de face vers quelqu'un, et certainement pas sans qu'on leur promette de la nourriture ou sans leur entraîneur. J'ai été surprise lorsque, soudain, un dauphin s'est tenu exactement dans la position que j'avais imaginée, me confirmant au moins que ces mammifères pouvaient nous comprendre correctement.

« Oui, que veux-tu communiquer ? » ai-je entendu ensuite. Abasourdie, je lui ai demandé ce qu'il aimerait que j'écrive dans mon livre sur les dauphins. Instantanément, par télépathie, l'information m'a été transmise. Parfois, je me sens frustrée parce que je crois que les dauphins pourraient nous transmettre énormément d'information, mais qu'en raison de notre capacité de compréhension de la vie et de notre connaissance du temps et de l'espace trop limitées, nous n'arrivons pas à les comprendre pleinement. Bien des fois, en nageant avec eux, j'ai été incapable de capter ce qu'ils essayaient de me communiquer. Mais je sais qu'eux arrivent à nous comprendre assez clairement, ce qui, manifestement, a été le cas ici.

Les quinze minutes à nager en leur compagnie s'étaient écoulées trop rapidement et nous devions sortir de l'eau pour laisser la place à l'autre groupe de douze personnes. Don était déprimé à cause de la situation des dauphins. Les autres personnes n'avaient jamais eu de contact avec des dauphins auparavant, sauf Don et moi. Le degré de présence et d'intensité que nous venions de goûter avec ces dauphins était radicalement différent des expériences que nous avions vécues avec les dauphins en liberté. Nous avons pensé que cela était dû au fait que ces dauphins en captivité avaient « baissé leurs taux vibratoires » pour arriver à vivre dans cette condition où ils se retrouvaient confinés. J'ai rarement vu Don déprimé, mais cette expérience l'avait vraiment secoué.

Certains dans le groupe s'étaient grandement amusés, et je m'en réjouissais pour eux. Mais, dans mon cœur, je ne pouvais accepter de revivre une expérience de ce genre.

Nous avons demandé aux entraîneurs ce qu'ils avaient observé par rapport au phénomène de la télépathie chez les dauphins et s'ils avaient déjà tenté de communiquer avec eux de cette façon. Il semble que ce soit plutôt rare que les entraîneurs prennent conscience d'un lien télépathique entre eux et les dauphins, et ils se demandent encore comment ces derniers peuvent savoir ce qu'on attend d'eux. Nous avons également posé la même question aux entraîneurs qui travaillaient dans le cadre du programme de la thérapie assistée par les dauphins, mais ils nous ont répondu qu'ils étaient trop occupés à enseigner des comportements spécifiques pour remarquer quoi que ce soit d'autre.

Inutile de rappeler qu'il y a plusieurs niveaux de conscience différents chez les humains, comme chez les dauphins. Beaucoup de gens ignorent que la télépathie est chose courante entre eux, étant donné qu'elle se produit souvent inconsciemment, et on nous enseigne qu'en Occident elle n'est rien de plus qu'une chimère.

Le congrès tirait à sa fin et un appel fut lancé pour trouver des volontaires qui accepteraient d'organiser la rencontre de l'année suivante. Évidemment, Don et moi n'avons pas réagi : nous ne désirons pas apporter notre soutien à la captivité des dauphins pour aider les humains. Bien sûr, si les dauphins avaient pu choisir librement de nager avec les humains, cela aurait été autre chose.

Maintenant, je comprenais mieux comment ces cétacés pouvaient si bien être en relation avec des humains hors de l'eau. Mes rêves sur les dauphins m'ont certainement révélé des choses fantastiques dans ma vie. Plus je prends ma vie intérieure au sérieux, plus elle devient réelle.

Malgré tout, ce voyage en avait valu la peine, car Don et moi retournions chez nous avec une compréhension approfondie des dauphins. Mon amour et mon respect pour ces êtres fascinants ne faisaient que croître, et je commençais dès lors à me demander jusqu'où s'étendait la conscience des dauphins.

À ce point, leur demande de les aider relativement aux essais nucléaires me laissait néanmoins perplexe.

Chapitre 47

L'automne était déjà bien avancé lorsque nous sommes revenus de cette rencontre de Cancun. L'écart entre le climat chaud du Mexique et les températures fraîches de notre île, sur la côte nord-ouest du Pacifique, faisait ressortir encore davantage les arômes tonifiants de l'automne dans la forêt. J'adorais me balader dans la forêt le long des falaises de l'île.

Tard, une fin d'après-midi, alors que je me promenais sur le sentier étroit, j'ai été accueillie par des grands pins et des arbousiers, dont l'écorce lisse et soyeuse baignait dans la lueur orangée du coucher de soleil, et mon cœur s'est mis à chanter. La terre humide embaumait, et le soleil faisait des jeux d'ombre et de lumière sur le sol riche de la forêt. En voyant ma silhouette sur le sol dans les rayons qui s'infiltraient entre les arbres, je me suis sentie telle une femme des temps anciens. Cet instant pouvait remonter à un passé très lointain. Cette ombre pouvait bien être celle d'une Amérindienne cueillant des petites baies et des champignons sauvages dans ces bois, pêchant dans l'océan plus bas ou contemplant les aigles au-dessus d'elle.

Un bruissement d'ailes m'a soudain sortie du passé et, comme j'ouvrais les yeux, un aigle s'envolait d'un arbre voisin. « Quelle synchronicité surprenante » ai-je pensé, émerveillée. Cet instant pourrait aussi bien appartenir au futur. Comment serait la vie alors ? *Qu'aurions-nous fait, nous, humains, pour créer un futur dans lequel le paradis serait une réalité ?*

La réponse m'est venue d'un coup : les gens auraient alors pris conscience de la puissance de leurs rêves. Non seulement les rêves de quelques-uns, qui auraient tracé les sillons de choses importantes à venir, mais les rêves de tous les êtres sans exception modèleraient aussi l'étoffe de la vie. En premier, quelques-uns auraient pris conscience du pouvoir de leur imagination, puis un nombre croissant de personnes emboîteraient le pas. N'étaient-ce pas les arbres de cette forêt qui m'avaient révélé que notre véritable nature repose sur la puissance que nous possédons d'actualiser nos rêves dans la réalité ?

Une question plus urgente a surgi en moi : « Comment puis-je faire ma part, particulièrement en ce qui touche la requête des dauphins ayant trait aux essais nucléaires ? »

Tout à coup, la réponse s'est présentée clairement ! Je pouvais rêver de nouveau l'étoffe dans mon propre univers. Je me suis installée sur les bords de l'escarpement surplombant la mer. La lumière du soleil miroitait sur l'eau et des milliers de paillettes étoilées dansaient sur les vagues. Par l'esprit, je me suis élevée dans le monde de la vision. J'aimais bien aller à l'endroit où je voyais le réseau des lignes de lumière, au-dessus de notre planète. À cet endroit, chacune des lumières représente une idée et constitue un relais instantané pour l'information qui circule autour de la planète entière. C'est aussi là que je rencontre d'autres « ouvriers » animés du même désir d'œuvrer dans le réseau de lumière.

Le président de la France était l'autorité représentant les décisions prises à l'égard des essais nucléaires. À l'instar de ce que j'avais fait avec l'énergie à la « tête » du banc de dauphins dans le passé, je suis entrée en contact avec cet être qui gouvernait la France. J'aimais la France et j'aimais parler français, mais j'étais peinée de la triste image que la France projetait aux yeux de la planète entière. Sur le plan où je voyais les schémas d'énergie, j'ai demandé quel était le sens de cette décision et d'où provenaient ces sentiments de dureté qui accompagnaient la décision. Que les réponses reçues aient été en relation directe avec la vie réelle, je ne puis le confirmer, mais j'ai senti que la cause remontait à un cœur refroidi qui avait étouffé le besoin d'amour et s'était affermi plutôt dans le pouvoir et la rigidité.

J'ai demandé à cette énergie, que j'imaginais être le président français, ce que cette dureté désirait réellement. Comme elle me révélait la solitude profonde du président, même dans ses relations avec ses proches, elle m'a laissé voir son désir d'amour. J'ai demandé à cette dureté de me présenter l'image de l'amour qu'elle désirait vraiment. L'image qui m'est apparue était celle d'une couronne de marguerite, symbolisant l'amour et la chaleur qui guériraient son âme.

Je l'ai invitée à embrasser le vieux sentiment qui avait dominé son cœur et lui ai demandé de laisser la vieille image se fondre dans la nouvelle. La dureté s'est effacée pour devenir la couronne de marguerites. Elle s'est transformée en amour et en respect, particulièrement de la part de ceux qui l'entouraient de plus près, ainsi que des habitants de la planète en général. J'étais très émue. Aurais-je jamais pu soupçonner que la sécheresse du cœur puisse mener un politicien à prendre des décisions qui affectent le monde entier ?

Toujours en pensée, dans cette transformation par l'imagerie, j'ai vu les effets qui découleraient de cet autre sentiment et de cette nouvelle image sur la planète entière, et je les ai remerciés sincèrement. Puis, j'ai lâché prise. J'ai alors tourné mon attention sur les arbres autour de moi et sur le soleil rouge orangé qui allait disparaître à l'horizon. L'air s'était passablement rafraîchi, et je commençais à avoir froid. Pour une raison quelconque, j'aimais bien ce sentiment de rafraîchissement au coucher du soleil, sentant le crépuscule recouvrir la terre de son manteau nocturne.

J'ai projeté ma gratitude au soleil pour nous avoir réchauffés et éclairés. Je réfléchissais aux récits des « premiers peuples » qui rapportent qu'encore aujourd'hui ils saluent le soleil au levant et au couchant et sont convaincus que, s'il arrivait un jour qu'ils ne soient plus là pour accomplir ce rituel et que personne d'autre ne puisse prendre la relève, ce serait le signe de la fin des temps.

Peut-être est-il temps pour nous, Occidentaux, de nous rappeler la connaissance que nous possédons du temps où nous étions les « premiers peuples ». Nous devons nous souvenir de la sagesse ancienne consistant à lier la vie avec notre imagination et notre conscience. Nous avons tous, un jour, vécu d'une façon telle que nous actualisions le rêve de notre journée, et certains commencent maintenant à se rappeler comment y arriver.

J'ai quitté l'endroit couvert d'aiguilles de pin où je m'étais assise et j'ai pris le sentier du retour. Marchant dans un état de rêverie, je regardais vaguement les arbres et souhaitais que ma rêverie permette aux générations futures d'hommes et de femmes lumineux de jouir de la sagesse et de la grâce des arbres. Puis, je suis rentrée rejoindre Don à la maison.

Chapitre 48

Quand j'ai ouvert la porte, Don est arrivé dans le vestibule d'un bond pour me serrer dans ses bras. J'aimais notre façon de nous accueillir souvent l'un l'autre comme si c'était notre première rencontre. Heureux de me retrouver, il a plongé son regard dans le mien avec un tendre sourire. Dans l'océan bleu de ses yeux pétillants de lumière, j'ai vu la Source unique, et nos âmes se sont rejointes, nos esprits fusionnés en Un. Si je dessinais cette impression, je tracerais deux rayons brillants qui convergent. Au point où ils se touchent et s'unifient, une lumière descendrait du ciel par une grande ouverture pour nous envelopper et nous emmener au-delà de la sensation du moi personnel, jusque dans les contrées de l'Amour, de Dieu et de la félicité.

« C'est par cette union que nous accomplissons tout notre travail et partageons nos talents avec le monde », me disais-je, et j'étais animée d'un désir ardent d'aider de plus en plus de gens à trouver l'expression la plus parfaite des rêves qu'ils portent en eux.

L'imagerie est l'une des clés principales nous ouvrant le sentier de l'illumination de nos mondes intérieur et extérieur. Notre attention centrée sur la Source, l'imagerie est pour nous la clé secrète. Grâce à elle, nous pénétrons l'univers des mystères, des miracles, de l'amour et de la magie de la création. Nous pouvons offrir quelque chose au monde parce que nous avons appris comment réaliser nos rêves. Nous avons écrit des livres qui ont été publiés, composé de la musique qui a été enregistrée, donné des séminaires et travaillé à l'échelle interna-tionale. Par le travail sur l'imagerie, des millions de personnes peuvent vivre en conformité avec leur idéal le plus élevé et leurs rêves les plus nobles, et poursuivre une vie qui les comble de joies profondes.

Elles peuvent se sentir reconnaissantes et heureuses d'exister.

Les dauphins et le voyageur du temps ont ouvert la voie pour moi, et je suis ravie d'être une énergie créatrice dans la matrice de la création de Dieu. J'essaierai de mon mieux de communiquer à autant de gens qu'il me sera possible les capacités qui sommeillent au cœur de chacun.

Je me suis souvenue de la lutte que j'ai vécue au début lorsque j'étais inquiète d'être « prise » dans la toile d'illusions et de la manière dont j'ai souri à propos de mon cheminement et de toutes ces questions que je me suis posées au fil des ans. En rétrospective, j'ai vu que la meilleure place est dans les mains de Dieu.

La vie fonctionne parce qu'elle est créée pour fonctionner. Elle travaille soit lentement et douloureusement quand nous lui résistons, soit facilement quand nous coopérons avec elle. Dans un cas comme dans l'autre, nous apprenons les leçons de l'Amour et de la Vie.

Pour coopérer avec la Vie, il m'a fallu apprendre à m'ouvrir constamment aux forces supérieures et à me laisser guider par des mains invisibles. Il m'a fallu abandonner les émotions et les habitudes qui continuaient à renforcer les mêmes schémas improductifs, affronter mes peurs et leur permettre de devenir mes alliées, plonger plus profondément en moi pour retrouver l'intention sous-jacente de ces schémas, qui se révélaient toujours être ma véritable essence personnelle.

La Vie est créée deux fois : d'abord sous la forme d'une possibilité, puis sous la forme des nombreuses dimensions manifestées. Nos images intérieures servent de lampes pour illuminer le choix que nous faisons parmi les nombreuses possibilités qui existent dans le corps de Dieu. Chaque expérience est valable, mais certaines semblent générer plus d'énergie vivifiante, tandis que d'autres la réduisent. Heureusement, nous, en tant qu'organismes vivants, portons dans notre code génétique une prépondérance pour l'énergie et pour les expériences qui apportent la vie, bien que certains prennent plus de temps à le découvrir. Tôt ou tard, toute la création sent le besoin de retourner à la Source.

Chapitre 49

Les mois suivants se sont écoulés dans un tourbillon d'activités. Des séminaires, l'édition de livres et les enregistrements de musique occupaient toutes nos journées. Nous continuions à donner des séminaires et à former des gens désireux d'enseigner les méthodes d'imagerie que nous avions apprises. Le programme Vivez votre vision était enseigné en Allemagne depuis déjà un bon moment et, un jour, nous avons reçu d'un instructeur une pile de lettres de tous les participants au programme qui racontaient leur cheminement durant le cours. Don et moi les avons lues avec une joie immense, et des larmes d'émotion ont perlé sur nos visages. Je me sentais reconnaissante d'avoir contribué à l'épanouissement de ces êtres. La satisfaction profonde générée par ce travail ne trouve pas de mots pour exprimer tout cela.

Le froid de l'hiver nous gardait près de la cheminée. Les jours les plus courts de l'année couronnaient le milieu de l'hiver et annonçaient l'arrivée des jours plus longs du printemps que j'anticipais gaiement. Nous en étions encore au début de l'année lorsque j'ai reçu un appel de la fondation Greenpeace.

« Bonjour, ici Ilona de Vivez votre vision, que puis-je faire pour vous ? ai-je demandé.

— Oui, bonjour, a enchaîné la voix d'une femme. Nous appelons pour vous communiquer des renseignements très importants et nous aimerions vous demander votre soutien. Nous sommes heureux de vous informer tout d'abord que le président de la France est revenu sur sa décision de faire exploser toutes les bombes nucléaires prévues, sauf la première ! Il soutient que ce n'est lié en aucun cas aux efforts de Greenpeace, mais, quelle que soit la raison de sa décision, nous en sommes enchantés. » Elle était heureuse de me rapporter les bonnes nouvelles. « Nous avons pensé que ces nouvelles vous réjouiraient et nous aimerions savoir si vous accepteriez d'apporter une contribution mensuelle à la fondation. »

Cette nouvelle m'a tellement abasourdie que j'ai à peine été capable de lui répondre que j'étais déjà membre. « Oh, pardonnez-moi, nous n'aurions pas dû vous déranger. C'est par erreur que votre nom figure sur la liste des personnes à contacter », a ajouté la voix chaleureuse de la bénévole de Greenpeace.

« Ne vous excusez pas, je suis très heureuse d'apprendre ces excellentes nouvelles. Merci de m'avoir prévenue », ai-je répondu avant de raccrocher.

Stupéfaite, je sentais que le monde autour de moi s'était arrêté de tourner. Que se passait-il dans cet univers ? Je me souvenais de la requête des dauphins à l'égard des essais sous-marins de bombes nucléaires et je me rappelais aussi ma séance d'imagerie, assise sur la falaise à l'orée de la forêt. Au cours des mois qui s'étaient écoulés, je n'y avais pas vraiment repensé ni cherché dans les journaux la suite des nouvelles, sauf que, de temps à autre, j'avais projeté mon amour à la couronne de marguerites, sachant qu'elle œuvrait dans ma version de l'univers.

Si la bénévole de Greenpeace ne m'avait pas téléphoné, je ne sais pas quand j'aurais appris l'annulation des essais nucléaires. J'étais heureuse pour le monde, pour les dauphins, pour la France. J'étais enchantée des implications bénéfiques de l'imagerie, du moins en ce qui concerne la compréhension que j'en avais.

Il est vrai que je ne pouvais affirmer que les changements s'étaient produits en conséquence de mon imagerie, mais qu'est-ce que cela pouvait bien faire ! Je vivais maintenant dans un monde en harmonie avec ce que je nourrissais dans mon cœur. L'amour, la compréhension et la compassion semblaient être la réponse, et le monde dans lequel je vivais reflétait mes changements intérieurs. Peut-être notre univers est-il le reflet de nos rêves ? Peut-être y a-t-il autant de possibilités à l'extérieur qu'à l'intérieur de nous ? Et, si tel est le cas, je peux donc faire mon choix en fonction de la compréhension de la réalité et du potentiel que je désire vivre, et en me concentrant sur eux.

Je me suis levée d'un trait et j'ai couru vers Don. « Devine quoi, Don ? La France a abandonné son projet d'essais nucléaires ! » lui ai-je annoncé, presque en chantant. Nous nous sommes serrés l'un contre l'autre, pleurant de joie.

« Bien d'autres personnes se réjouissent aussi, j'en suis certain », a murmuré Don. Nous nous sommes fait un clin d'œil mutuel : « Bienvenue au Ciel sur la Terre ! »

Épilogue

La vision des possibilités pour l'humanité est prodigieuse. Nous ne sommes pas les pions d'un grand jeu de la Vie dénué de sens, mais plutôt des étincelles de conscience cocréatrices, des corêveurs dans le rêve de Dieu.

Aujourd'hui, nous sommes à un carrefour où l'humanité semble plongée dans une agitation inquiétante sans savoir quelle direction prendre. Mais, cachée au cœur de notre être, dort une semence de la même énergie qui constitue toute la création : Dieu. Si nous écoutons les chuchotements subtils des voix les plus secrètes en nous, nous trouverons un sentier à travers le labyrinthe inextricable dans lequel nous nous trouvons.

En traversant les dimensions intérieures des nombreuses possibilités menant à notre véritable essence par le processus d'imagerie et de transformation, nous pouvons découvrir la raison d'être de notre vie, transformer nos zones sombres et, enfin, imaginer une vision pleine de promesses pour notre avenir, une vision dans laquelle nos enfants seront heureux de vivre.

Au fur et à mesure que nous apprendrons à découvrir qui nous sommes vraiment, notre rêve éveillé entraînera des répercussions dans tous les mondes de la création. Nous nous sentirons tout d'abord tel un petit caillou lancé dans un immense lac calme, nos rêves semblant ne produire qu'une petite ondulation sur l'eau. Rapidement, toutefois, le cercle de ces ondulations s'agrandira jusqu'à ce que nous découvrions que les ondulations recouvrent toute la surface du lac et qu'elles ont été créées par ce simple petit caillou.

Notre conception du moi n'est limitée que par la conception que nous avons de nous-même, puisque, en vérité, nous sommes toute la Création.

La véritable essence, la direction intérieure et les voix lumineuses peuvent être atteintes par les méthodes que j'ai présentées dans cet ouvrage. Que ceux et celles qui aimeraient approfondir les mécanismes de ces méthodes et apprendre à transformer sérieusement leur vie afin de la rendre plus riche, plus lumineuse, n'hésitent pas à prendre contact avec nous.

Quelques-uns parmi vous aimeraient peut-être même enseigner ces méthodes ! Si tel est le cas, nous pouvons également les aider. Certains d'entre vous sont, ou seront, des gardiens intérieurs qui, par leurs rêves, participeront à la création d'un nouveau lendemain.

À l'instar des dauphins qui peuvent être conçus comme une « unité », il peut en être ainsi de l'humanité. Nous pouvons demander que se révèlent le désir le plus profond et l'intention la plus vraie de cette « entité » appelée humanité. En portant cette nouvelle image sur les ondes de notre radio intérieure, nous déclencherons des vagues d'ondes sur tout le lac, dans la mesure où nous aurons accédé à une essence supérieure véritable. Notre vision fera écho sur le lac parce qu'elle est vraie, parce qu'il n'y a pas de doute quant à cette essence qui veille profondément en nous. Elle est là, elle vit et elle attend tout simplement d'être stimulée.

Ce qui me plaît le plus dans le processus de transformation par l'imagerie que j'ai décrit dans cet ouvrage est le fait suivant : bien que les changements puissent s'avérer absolument renversants, nous n'avons, à aucun moment, de pouvoir *sur* quoi que ce soit. Dans le processus d'imagerie, nous dévoilons simplement la véritable force cachée, enfouie, au cœur de tout problème, de tout blocage. En aucune circonstance, nous n'imposons nos propres désirs ou volontés sur quoi que ce soit : nous demandons simplement à l'énergie en question, indépendamment de la complexité qu'elle semble présenter, ce qu'elle désire vraiment. Nous ne faisons que découvrir la vision de sa véritable essence, et la maintenons en esprit. Même si la vision de l'essence n'est qu'une partie de la totalité, elle s'épanouira comme une fleur dans un jardin que nous cultivons.

En tant qu'humains, nous devons veiller à prendre soin du jardin de nos rêves et de nos visions : ainsi, nous serons récompensés par les fruits de notre attention et nous deviendrons ces fruits. Il nous faut nous souvenir que nous sommes tous dépositaires de cette même semence du rêve de Dieu. Tout ce qu'il nous faut faire, c'est d'œuvrer à notre retour au centre, à la Source.

J'espère avoir présenté à quelques-uns d'entre vous une vision de ce qui est possible, une vision que les dauphins ont partagée avec moi.

La première fois que notre voyageur du temps a transformé une vision planétaire (le nuage de gaz orangé qui s'était changé en jeux pacifiques), il a découvert la confirmation étonnante que son imagerie s'était actualisée dans le monde physique quand lui et cet homme du Pentagone s'étaient rencontrés en nageant avec les dauphins. Il recevait alors la confirmation du principe holographique et de l'efficacité du travail de l'imagerie.

Le voyageur du temps et moi avons tous deux vécu des expériences similaires dans le travail d'imagerie lorsque nous avons pénétré l'univers des dauphins. Peut-être les dauphins savent-ils mieux comment se transformer à travers l'univers et être disponibles pour aider tous les humains qui veulent écouter et apprendre à en faire autant.

J'ai trouvé qu'il n'était pas nécessaire de nager physiquement avec les dauphins pour établir un contact avec eux. Les dauphins sont experts dans la communication interdimensionnelle et ils adorent partager. Tout ce qu'il vous reste à faire, c'est de mettre l'intention de votre âme au diapason avec les dauphins et ils s'ouvriront à vous.

Puissions-nous tous apprendre à vivre ensemble avec joie et gratitude dans cette bulle de création, et puissions-nous tous recevoir la grâce de Dieu.

Vivez votre vision

Un programme qui vous apprend à mettre en pratique les méthodes permettant de réaliser vos rêves et de découvrir votre mission dans la vie.

Si vous avez apprécié les concepts présentés dans cet ouvrage et si vous désirez :
- suivre le cours *Vivez votre vision** dans votre région,
- étudier le cours chez vous grâce à notre programme d'études autodirigées,
- obtenir des renseignements sur la formation des instructeurs de notre programme,

entrez en contact avec nous par un des moyens suivants :

Téléphone : 1 800 758-7836
ou
1 360 387-5713
Télécopieur : 1 360 387-9846
Courriel : dolphnlv@sos.net
Site internet : http://www.skagit.com/dparis/dolphin

Vivez votre vision
P.O. Box 1530
Starwood, Wa 98292
U.S.A.

* *Disponible en anglais seulement*

À propos de l'auteure

Ilona Selke est née dans l'Himalaya et a grandi avec sa famille en Afghanistan, puis en Allemagne. Lorsqu'elle s'est établie en Amérique au début de la vingtaine, elle a étudié la philosophie sur la côte est, la psychothérapie centrée sur le corps à Boulder, au Colorado, l'holodynamique et des méthodes alternatives de guérison sur la côte ouest.

Elle vit actuellement avec son bien-aimé, Don Paris, auteur, musicien et conférencier, sur une île du Pacifique-Nord-ouest et sur la grande île de Hawaii à diverses périodes de l'année.

Ensemble, ils découvrent des méthodes efficaces de transformation et de guérison de soi, les mettent en application et les enseignent. Ils aiment voyager dans les dimensions subtiles, œuvrer dans l'art d'unifier le cœur et l'esprit, sensibiliser les gens à leur raison d'être dans la vie et éveiller chez eux une passion de vivre.

Don et Ilona organisent des séminaires, donnent des conférences, forment des instructeurs pour les cours et voient à leur compagnie d'instruments et de produits holistiques en vente par correspondance. Ils sont musiciens, écrivains, rêveurs et visionnaires, et ils apprécient la présence des dauphins et des humains qui vivent sur des longueurs d'onde similaires.

Le prénom *Ilona,* qui signifie *radieuse*, est dérivé du mot grec *helios*. Quant *à* son nom de famille, *Selke*, il remonte à un mythe irlandais très intéressant et révélateur au sujet de *selkie* : un mammifère marin, habituellement un phoque mais parfois un dauphin, qui, dit-on, pouvait prendre l'apparence d'une belle femme et, par conséquent, enfanter un humain. Dans certaines interprétations du mythe, les enfants pouvaient voir le futur et communiquer par télépathie avec les animaux et les humains. Les *selkies* étaient, par nature, tellement liées à la mer qu'elles se sont éventuellement retransformées en mammifères marins.

Il est intéressant de noter que les Aborigènes d'Australie affirment que l'on est le nom que l'on porte !

Quelques exemples de livres d'éveil publiés par Ariane Éditions

La Graduation des temps

Aller au-delà de l'humain

Alchimie de l'esprit humain

Partenaire avec le divin

Le retour

La série Conversations avec Dieu

L'éveil au point zéro

Anatomie de l'esprit

Messagers de l'aube

Terre

Sur les ailes de la transformation